FUN FACTS WORD SEARCH

THIS PUZZLE BOOK
BELONGS TO

....

....

INTRODUCTION

This word search puzzle is created around the fun facts theme. It is created to help users have hours of fun search for words and also learning new and interesting things on variety of topics.

HOW TO SOLVE

Find all the word capitalized word listed at the right hand side of each fact on every page. Words are hidden in the grids of the puzzle in straight, unbroken lines: forward, backwards, up, down or diagonal. Words can over lap and cross each other. When you find a word, circle it in the grid and mark the word in the list so you will know it has been found. Each words should be searched for as individual word.

EASY TO CUT OUT

This book has wide inner margins, this will make it easy to cut out the page and take them with you as some people find this method convenient.

SPECIAL REQUEST

Please leave a brief honest review about this book on amazon.com. It will really be helpful. Thanks

TABLE OF CONTENTS

INTRODUCTION...1-3
PUZZLES...4-83
SOLUTIONS 84-104

PUZZLE 1

```
L D U W Z I Z P N C Q U V B
F J S S I T X Y F F R H X C
S X M D X E E I D E H K R J
G Y I R N L Y B Z S U F N C
V O I S K E F X E C M O B F
G S A Y S V Q M X I A B Z A
J C Z Q O I S S I F N W F U
R O P L X S X G H P W G C H
A R P Q O I F I F E H H S L
D U F F C O L O R O I D T U
R F K G W N J O B P T R Y J
J D E O A V F R S L E E P Y
B B H A X E D M Z E Z A O T
Q X J J B L A C K S D M G A
```

12% of human beings sleep and dream in black and white. 15% of people dream in sleep and dream in black and white before color television.

WHITE   **HUMAN**

PEOPLE   **BEINGS**

BEFORE   **SLEEP**

COLOR   **DREAM**

TELEVISION   **BLACK**

PUZZLE 2

```
P L L P D L V O J V V Y B U
G B X Y X N Y E F U T W O W
S L U B D U L D K J L H D D
B Q L D T K S R B Z T O Y B
R T H M O R O M W R O L S H
F J U I P W K R A L R E T D
L Z M L T B N E B L G S N B
K U A E L V Y W I L L U L K
F T N S D U S E Y E O E W C
F K M F U T A M S R N N J X
Z D S X U X Q S X I G O G S
T Z K W V E E M E A S U R E
W G W Z O V N D Y I V G O E
A R V L N K L H N W J H X C
```

The network of small blood vessels in the human body is very long and can measure approximately 96,000 km / 59650 miles. It is long enough to go round the whole earth.

NETWORK	MEASURE
SMALL	MILES
BLOOD	LONG
VESSELS	ENOUGH
HUMAN	ROUND
BODY	WHOLE
LONG	EARTH

PUZZLE 3

```
R  L  I  N  R  J  Y  K  U  E  W  Y  V  J
K  B  A  L  W  N  Q  T  I  W  D  N  O  S
C  B  A  X  K  G  F  H  G  O  I  M  S  I
S  D  I  C  C  S  C  U  B  K  F  R  P  M
B  A  J  U  T  W  I  Q  S  S  F  E  K  T
I  N  U  X  P  E  K  Q  H  P  E  N  P  M
O  D  O  W  P  I  R  R  U  E  R  E  R  C
H  H  N  L  X  O  Q  I  M  C  E  W  O  N
H  C  R  B  R  U  A  G  A  I  N  S  T  D
N  Y  P  X  N  T  E  E  N  E  T  N  E  V
O  Y  L  G  N  E  Q  A  M  S  P  L  C  S
S  L  A  Y  E  R  R  I  P  B  C  Y  T  V
R  A  N  C  O  N  T  I  N  U  A  L  L  Y
V  X  I  Y  J  B  F  Z  Y  C  E  M  O  M
```

At any given time, the human skin has 1000 different species of bacteria on it. To protect our body against these bacteria, the outer layer of your skin renews itself continually.

TIME	BODY
HUMAN	AGAINST
SKIN	OUTER
DIFFERENT	LAYER
SPECIES	RENEWS
BACTERIA	CONTINUALLY
PROTECT	

PUZZLE 4

```
Y G J U T U G S T W I V N L
M A I F T Y L P I S P I Y Z
M C G A W O R K O U T N D H
I G E T R X F E J I B T W C
P W B T I R S X S T R E S S
S P N Y H R E G U L A R M M
Q O S J A I V V P P I E E R
C Z H W C O N T A I N S S N
R Y L Q I K P K I B E T E G
I O A B D W B J Z P P I L Y
N L I Q S Z R I O F X N N R
S H H E W E O N F O M G A P
C U W H I L E Y Y W D X F A
X E C Z J J W Q B L B I I P
```

Stress/workout sweat is different from regular sweat. Stress sweat contains fatty acids, while regular sweat doesn't. It is interesting to think about how the brain controls this.

STRESS	ACIDS
WORKOUT	REGULAR
SWEAT	INTERESTING
CONTAINS	THINK
WHILE	BRAIN
FATTY	CONTROLS

PUZZLE 5

```
G G D U S B P F N C D A H C
H D F G O T R I J Q C T I N
M N M S Y T O N G U E I S E
L Y L W N D D G L A O O Q P
G D A I Z O U E V N A W J T
K N R M F N C R F T I G C Y
S P Q M G E E P F I C F K Z
P O J I Z V T R O T Q P Y N
F O C N S U U I U Y S L Q C
F L X G A E Q N M G P X J Q
W Z I A L A U T I E O O F Q
X N E L I A T X O Q R D E H
E Z I F V Q N C X H U F I J
T F C M A Y U D Q Q N E E H
```

1. The Quantity of saliva your salivary gland will produce during your lifetime is enough to fill two swimming pools.

2. Every Human has a unique tongue print just like a fingerprint.

QUANTITY	**SWIMMING**
SALIVA	**POOL**
GLAND	**UNIQUE**
PRODUCE	**TONGUE**
LIFETIME	**PRINT**
FILL	**FINGERPRINT**

PUZZLE 6

```
S  P  S  J  Q  Z  C  X  W  T  I  D  D  K
R  F  M  P  E  S  Z  J  M  V  S  O  W  E
E  Q  B  M  H  B  P  K  I  E  T  U  A  C
P  D  R  N  B  O  D  Y  N  M  L  I  L  P
R  G  M  N  O  N  H  I  U  T  Z  V  U  U
X  H  G  V  I  H  W  A  T  E  R  B  B  O
A  M  U  M  L  R  P  H  E  A  R  B  C  W
S  I  G  M  G  I  V  E  S  D  N  S  O  Z
U  Z  H  E  A  T  T  O  H  B  K  T  Z  G
I  S  I  A  L  N  W  V  F  L  J  T  L  D
F  O  G  X  L  E  S  S  M  L  L  Q  L  T
R  G  H  C  O  F  F  I  G  A  H  H  N  G
Y  C  S  S  N  I  T  K  Z  W  C  V  T  T
H  L  U  F  B  G  D  W  L  Z  A  H  Z  G
```

1. Human body in 30 minutes gives off enough heat that can boil half a gallon of water.
2. You Hear less when your body heat is too high.
3. We lose 80% of our body heat from the head.

HUMAN	**HIGH**
BODY	**WATER**
HEAT	**HEAR**
MINUTES	**LESS**
GIVES	**BOIL**
GALLON	**HALF**
	OFF

PUZZLE 7

```
S V G W K S G T T J W C V D
W I P J Y I N C H E S S E W
Q O W B H E R N K O H T D G
X Q V G T N Q A A F E R N R
O A F N M O M D K I N O Y A
X N O R B U V I B T L N D I
K C D Z E G O S S E O G Z Q
M G H O N H Q S D R Y V Y Y
J G B Y B J E O I X F I W X
R R A Z O R B L A D E S X F
B F M Z H B M V T C B R T J
Z A X W F U F E Z E I C B D
F O G T I Q J P R I O D Y M
W R W W M Z G H A E W I L Q
```

1. The Iron content of the human's body can make 3 inches long nail.

2. Human stomach contains acid strong enough to dissolve razorblades.

IRON
CONTENT
MAKE
INCHES
LONG
NAIL

ACID
STRONG
ENOUGH
DISSOLVE
RAZORBLADES

PUZZLE 8

```
K  K  K  B  P  J  R  X  S  Q  K  V  T  I
L  K  A  U  S  R  X  W  A  G  K  G  O  J
L  U  E  P  V  Z  C  T  T  S  S  G  L  X
U  C  O  J  R  V  U  K  U  E  U  B  L  A
R  W  X  I  T  O  N  J  E  C  Q  S  I  V
H  C  L  Y  B  L  C  O  V  O  R  I  O  T
E  O  O  A  X  F  E  E  L  N  Y  G  P  I
N  N  F  R  F  V  S  Q  S  D  L  N  M  X
L  S  C  E  I  T  Y  R  I  S  F  A  B  I
C  C  U  M  R  O  E  Y  U  D  E  L  E  L
J  I  V  A  Y  D  B  R  A  I  N  S  E  M
S  O  P  I  W  D  Z  Y  S  P  A  I  N  L
A  U  E  N  I  A  H  E  A  D  W  I  J  A
V  S  D  S  Q  E  J  I  K  B  U  I  Z  U
```

1. The brain processes pain signals from other parts of the body, but it doesn't feel pain.
2. After the human head has been decapitated, the brain remains conscious for about 15 to 20 seconds.

BRAIN	**BEEN**
PROCESSES	**REMAINS**
PAIN	**CONSCIOUS**
SIGNALS	**SECONDS**
FEEL	**ABOUT**
PARTS	**AFTER**
HEAD	

PUZZLE 9

```
J  D  I  L  Q  S  R  J  H  H  I  L  L  L
Y  C  S  D  T  N  Y  W  U  M  B  K  O  M
W  B  M  N  E  S  Q  M  D  N  T  L  W  X
G  A  E  M  A  N  V  Q  T  W  I  N  S  U
C  C  L  T  T  O  T  K  H  C  D  Q  Z  S
S  C  L  U  T  S  N  I  R  P  E  A  U  R
Z  R  S  E  G  E  I  Y  F  X  N  N  N  E
L  V  D  N  M  P  R  V  K  Y  T  L  E  M
L  L  C  O  M  E  D  T  T  Q  I  D  M  E
M  D  W  Q  V  V  V  N  S  M  C  E  S  M
A  R  C  E  I  C  J  H  Q  W  A  R  G  B
O  H  X  J  F  M  N  V  Y  L  L  P  F  E
L  A  J  V  A  H  A  X  I  G  T  E  T  R
I  U  J  U  M  C  T  L  F  X  W  S  M  P
```

1. Human nose can identify and remember 50,000 different scents and smells. Women are better smellers than men.
2. Every human has a unique smell, but identical twins smell the same.

IDENTIFY   **BETTER**
NOSE   **MEN**
REMEMBER   **UNIQUE**
SCENTS   **IDENTICAL**
SMELLS   **TWINS**
WOMEN   **EVERY**

PUZZLE 10

```
E  S  T  A  K  G  F  V  E  C  M  Z  V  B
P  T  M  J  Q  Q  O  Z  B  O  T  L  Z  O
K  N  N  I  G  H  T  Z  Z  M  T  X  Q  Z
B  H  Y  F  V  M  U  C  G  P  Y  K  W  S
B  D  V  K  P  L  G  N  E  A  D  F  R  H
Q  D  Y  H  B  V  I  E  G  R  W  R  W  O
E  T  C  E  B  N  L  N  W  E  E  K  S  R
M  N  E  V  R  S  D  M  E  D  R  K  B  T
Q  W  B  O  D  Y  J  W  L  E  T  I  A  E
X  N  M  S  P  R  Z  J  T  A  L  L  E  R
Y  I  R  D  Z  Q  K  S  C  G  C  L  D  Z
Y  T  W  D  Y  C  A  I  C  E  P  K  N  B
X  F  C  W  U  F  I  L  D  K  F  S  P  E
W  B  V  N  C  Z  J  T  K  X  Z  D  U  P
```

1. Lack of sleep will kill a human faster than hunger. A person dies after ten days without sleep whereas hunger takes weeks.
2. Our body is taller in the morning compared to the night when we are about 1 cm shorter.

LACK	**MORNING**
SLEEP	**WEEKS**
KILL	**COMPARED**
FASTER	**NIGHT**
HUNGER	**WE**
TALLER	**SHORTER**
BODY	

PUZZLE 11

```
W D A N T Z P D A W G A C I
K W P M A V J L Y U X O I B
B Y K C I J E E N E Y C I F
J S V G M F J B G R U A I U
D S V P P F L F O G Q P E Q
O B B M U D Q M X D H A R D
D W S H L H E F O U R C Q S
T R A N S M I T S D O I E P
S L V H E O N T H V R T V E
H U Y S S R B I Y R A Y T E
E T F T N E R V E F K I R D
L C W L F M A Q N H V V X C
U U G U W W I Y K O U P H X
Y V Z Z F K N Y W H F Z G B
```

1. The memory capacity of the human brain is the equivalent of more than four terabytes on a hard drive.
2. The brain transmits nerve impulses at a speed of 90 m/s.

MEMORY	**TRANSMITS**
CAPACITY	**NERVE**
BRAIN	**IMPULSES**
FOUR	**SPEED**
HARD	**MORE**
DRIVE	

PUZZLE 12

```
Y  A  F  A  P  W  M  S  T  I  Q  P  X  O
D  N  G  X  V  P  F  I  U  B  Y  V  V  Z
X  Q  T  V  T  H  I  N  G  C  L  A  T  M
K  J  D  S  H  S  M  F  U  F  Z  V  T  Z
I  W  I  F  G  Q  C  O  U  T  W  E  D  Z
G  F  U  N  W  O  C  R  A  N  O  R  E  D
B  L  I  F  E  T  I  M  E  S  D  A  C  F
N  E  H  U  M  A  N  A  B  G  C  G  S  K
B  O  B  F  W  N  C  T  N  A  P  E  K  C
S  H  S  X  J  L  D  I  R  E  C  A  L  L
Y  Y  K  X  S  F  V  O  M  E  E  K  U  F
T  R  I  L  L  I  O  N  I  V  P  C  S  N
X  G  Q  S  L  E  E  P  L  P  X  B  J  H
U  Z  R  X  U  H  M  F  S  H  A  E  G  D
```

1. On average, humans can recall around 150 trillion pieces of information after a lifetime.
2. Human beings are the only living thing that sleeps on their backs.

AVERAGE	HUMAN
RECALL	BEINGS
TRILLION	LIVING
PIECES	THING
INFORMATION	SLEEP
LIFETIME	BACKS

PUZZLE 13

```
E H P N Z L V A Q V N Y J P
H H N E Z S M U W I R K Z F
Z A T S D Q Z C S C A I T Y
N Q N X C M G G N S G S T Y
K T W D B A I Y X O U S L C
L T H N E P E O W Q N I H T
R I G H T D E F L C P N R J
C L V L A M M R T Z U G E S
W T C E B B S T S L B W V K
T F H O O V U P E O P L E Z
B S Q C U T L F F N N I R U
M I Y W T T M B H G S S Y C
N U I L V X T G X E V S X U
X K A S V J A O P R N O I O
```

About 2 out of every 3 persons tilt their head to the right when kissing. On average Right-handed people live 9 years longer than left-handed people.

ABOUT	**HANDED**
PERSONS	**PEOPLE**
TILT	**LIVE**
HEAD	**OUT**
RIGHT	**LONGER**
KISSING	**EVERY**

PUZZLE 14

W U C B C O C I T D I Y Z W
D O U A A I B N W Z J Y L N
P R C L E C E C L I N P Q U
E H F Q K R T R B A M Z O K
M N A Q E Q D E Q P Y B N I
S S L F H N H A R M L E S S
K L F Q Y W Q S M I H A E S
H I N T P S C E K W A T L X
D I L L Z D E S C U U S N H
R Y Q X C T A S F N Y K P B
P J C E Z G A X I B F D U A
J G Z H K G J M V L O Y L N
Q Q Q W S K F N M H V C S W
Y E V U Q E X C H A N G E S

When human beings kiss, their pulse increases by 100 beats per minute or more. Human exchanges 278 different bacteria when they kiss, but 95% of them are harmless.

KISS   **MINUTE**
PULSE   **WHEN**
INCREASES   **EXCHANGES**
BEATS   **BACTERIA**
DIFFERENT   **HARMLESS**

PUZZLE 15

```
V A C H E M I C A L H P V J
R E A C T I O N S I E J V C
O K N I N D B O H N K S Q I
M R I E B G L M W E C Q S W
Z E M A E T I M E S Z C O G
T O A O A M N N A N O C K I
W L L F Q H K J C Z Y P V J
H I S T R A I G H T W Z P D
E Y D E Y K E V Y O I T W V
H X R N C C U K G T U G V H
X A A P F O U R U R H D W I
P P W S G N N M B Y P C D I
X H N Y Q G U D X I R B J P
Q E W O B O R L P N F R A F
```

Human beings are the only animals that can draw straight lines. Women blink about two times less often than men. About 100,000 chemical reactions occur in the human brain each second.

ANIMALS	**MEN**
DRAW	**OFTEN**
STRAIGHT	**CHEMICAL**
LINES	**REACTIONS**
WOMEN	**EACH**
BLINK	**LESS**
TIMES	**SECOND**

PUZZLE 16

```
A K O V Z E X O D F Q J J U
Q A Q R U C M C W W H R T D
K E G M Y U F R O E U I V C
P A S S I O N A T E I Z J I
N J B Z L U S O L L R Z K Y
N S O R G T H A L T E Y R Z
D L P O A R C Z M M L W E L
H K B U K I S S X E M Y A E
J E Z L M G N P F V V Y C K
G D V E U G P N W I B Y T J
A F H Y W E Y U Z Z R C I O
F C S E A R E Q F Q D I O C
O E J S D S K Y D I V I N G
I N E I W Q V J O F L K S G
```

The chemical reactions that a passionate kiss triggers in the brain are the same as that skydiving and firing a gun do. People with blue eyes are more sensitive to pain than others.

CHEMICAL **SKYDIVING**
REACTIONS **FIRING**
PASSIONATE **GUN**
KISS **BLUE**
TRIGGERS **SAME**
BRAIN **EYES**

PUZZLE 17

```
H  W  T  Q  J  B  D  L  U  V  V  W  M  M
X  D  E  L  V  W  Z  H  L  J  B  R  U  G
Z  W  N  E  J  W  L  L  F  B  A  F  S  W
H  S  D  R  E  L  A  X  E  S  L  E  C  X
K  Z  Z  N  M  M  P  L  M  X  I  C  L  P
V  V  J  L  S  I  E  J  L  D  V  W  E  Y
U  C  J  I  N  C  R  E  A  S  E  S  S  K
F  P  G  L  K  Q  S  U  H  B  V  A  M  I
Y  M  A  I  V  R  O  O  F  I  W  G  T  S
J  A  Z  X  E  S  N  J  Y  M  Q  T  N  H
E  I  N  T  E  S  T  I  N  E  J  S  C  C
V  D  E  V  O  Z  I  B  N  V  J  N  C  F
W  M  B  N  Y  X  X  L  K  T  C  X  C  J
V  O  K  H  Q  Q  T  M  K  F  B  S  S  A
```

A person's small intestine is about 2.5 meters when alive and increases to about 6 meters after death, this is because the muscles in the walls of their intestine relax when someone dies.

PERSON   **DEATH**
SMALL   **MUSCLES**
INTESTINE   **WALLS**
METERS   **RELAXES**
ALIVE   **DIES**
INCREASES

PUZZLE 18

```
M  C  Y  M  P  S  D  T  T  Y  Z  N  W  M
R  P  O  S  F  O  R  J  C  X  A  S  L  T
Q  P  E  N  X  E  W  O  W  U  R  G  W  E
Z  F  V  H  T  Q  H  O  I  Z  E  O  Y  M
K  I  N  S  Z  A  M  M  F  A  V  B  G  H
N  P  A  V  C  L  I  H  U  M  A  N  T  R
B  F  V  L  S  N  B  N  G  F  I  U  J  O
U  H  S  E  D  U  A  M  S  R  O  N  A  F
K  M  F  J  V  C  C  F  P  M  O  U  Q  E
E  D  H  S  U  F  T  S  C  I  Q  W  X  J
D  G  Y  E  Y  Y  E  E  L  E  T  B  T  W
B  P  N  K  K  Q  R  L  F  H  G  P  R  H
B  J  B  F  H  C  I  N  N  B  M  W  C  X
Y  M  H  H  L  M  A  R  A  A  E  Y  E  P
```

The human eye can differentiate 10 million different colors. The human mouth contains about 40,000 bacteria. A child's growth in the spring is faster.

EYE	**GROWTH**
MILLION	**SPRING**
MOUTH	**FASTER**
CONTAINS	**CAN**
BACTERIA	**HUMAN**

PUZZLE 19

```
O T L X A Q V Q Y P P Q M A C
G E J V O I P L M J Y R M Z
B V Y X N Y R O G N H O I B
G D D K G O Q P J R Y T Y Q
V H N F R U U L L R T U Z S
C O F I L W S X U A M N J H
I Y A S C V Q J X F N Y X C
H H S T I N M S M I L E G U
X J T M W J E R U D Z N E N
Z A E O Y M U C S L I Z E G
C R R P B K S Y C Y X U T F
M F E C K L E A L O E X Y E
H O C R C H S F E K W G M U
Q I O C T I M E S K D H I B
```

1. Human uses 17 muscles when they smile, and 43 when they frown.
2. Human hair grows 2 times faster when flying on an airplane.

MUSCLES	**TIMES**
SMILE	**FASTER**
FROWN	**FLYING**
USES	**AIRPLANE**
HAIR	**THEY**

PUZZLE 20

```
C W T P G P O H I N G V U U
Q W L H I J E B O N E S L M
V U Q E W N D I M Z H E T O
X J C D R A T O Z B P E R N
W T K Z Z A F J I X C R A L
V R L X I H F P T T S M E L
B S I D B S Y E K N U E S D
T T A H U K L I G H T C W Z
A R F E W O I N U S H E B F
S O F X I F V F M L A U H P
N N N V S S B R O R N Q O P
H G L O P X G A Z K W J R X
G E V A S M I X H W Z C N I
L R I N D I Q D P L X G Q I
```

1. About 1% of humans can see infra-red light and 1% can see ultraviolet radiation.
2. Bones are about 5 times stronger than steel.

BONES	ULTRA
HUMAN	VIOLET
SEE	RADIATION
INFRA	STRONGER
RED	THAN
LIGHT	STEEL

PUZZLE 21

```
S Q U I R R E L S H N G A F
J X G E E C L L E J G V U G
P G G W A A I A N J P A N K
M M O M C Q O W A K K I S U
F P P Z O C A U S E D M Q L
V U O F N S A E S R H A Z I
V B X W D H T E O G M M S V
U L W V E A S C C Q I E U P
N I W K T R C C I V G R B R
A C O S R A O R A A D I B Z
D M E G S L P F T D G C Y K
S D T A C B P U I Z D A W X
M U G C S N O S O U R N S W
S F M C C E X R N G V W Q Y
```

Most power outages in the United States are caused by Squirrels according to The American Public Power Association (APPA).

MOST	**ACCORDING**
POWER	**AMERICAN**
OUTAGES	**PUBLIC**
CAUSED	**POWER**
STATES	**ASSOCIATION**
SQUIRRELS	

PUZZLE 22

```
P B E L I E V E C J J C N U
B O L T B T E P W N B H Z X
C A N Y A M I S S G R A Z C
B N J W A C L Y T W Z N S L
H T H W I D B C R I F E U C
F H B U J N D H U Q K D F K
M R U Y J K F O T A D C F L
U O F H L M Q L M L I V E S
P P A O E A S O U E S A R V
H Y B Q O H Z G F F O W C Y
N I M Y X H O I W T R Y L W
X P I S V N L C O W D T B Z
K T A Y O C C A L L E D E C
O D U A L I N L D K R D B R
```

Humans can suffer a psychological disorder called Boanthropy that makes them believe they are a cow and they try to live their life as a cow.

SUFFER	TRY
PSYCHOLOGICAL	LIVE
DISORDER	LIFE
BOANTHROPY	CALLED
BELIEVE	MAKES
COW	CAN

PUZZLE 23

```
B S Q U A R E V B O Z K Q X
D B G T J K F T V A L W B E
C D I W W O Y N M F C Z O Q
S F V L U E K A J S T H E A
B L G B L Y J T J B F K N Z
M V E P K I X I Z E Z O A Y
L U O E S T O O R J I Y K Q
T E G C U M Z N B T C L V Q
P O R C E X I A A P O D X L
X L A A N G E L E S F S S I
T G P X S H U H E A K Q O Q
W R H V I P V L O S N J J M
V G I X O O D P T Y B Y L A
K M C P G V F S N I O S O I
```

About 7.5 billion people which is the entire world's population can fit within the 500 square miles of Los Angeles according to National Geographic.

BILLION   **MILES**

PEOPLE   **ANGELES**

POPULATION   **LOS**

FIT   **NATIONAL**

SQUARE   **GEOGRAPHIC**

PUZZLE 24

```
H  K  I  J  H  L  G  D  D  W  T  M  C  V
Z  G  E  B  X  W  D  I  A  J  B  C  A  R
W  V  W  S  O  U  S  F  Z  B  Z  G  R  E
R  K  D  I  C  D  W  G  N  D  H  G  R  A
I  L  B  R  D  O  H  A  C  F  H  H  O  R
P  O  L  G  L  H  O  Y  H  L  O  S  T  O
U  P  Z  F  F  V  S  K  R  E  T  U  E  U
S  G  G  A  R  D  E  N  I  N  G  W  N  N
F  V  D  T  N  L  Q  J  S  N  C  E  E  D
T  A  B  S  I  A  W  S  T  Y  G  D  O  D
Z  X  X  H  V  X  O  M  M  Y  E  D  D  C
B  N  W  S  X  Y  M  Y  A  W  O  I  U  C
M  M  U  X  Y  E  A  R  S  R  I  N  G  Q
B  F  F  T  N  H  N  E  M  W  E  G  A  U
```

In Christmas 1995, a woman in Sweden lost her wedding ring while cooking and found the ring around a carrot while gardening 16 years later.

CHRISTMAS	**COOKING**
WOMAN	**FOUND**
SWEDEN	**AROUND**
LOST	**CARROT**
WEDDING	**GARDENING**
RING	**YEARS**
WHILE	

PUZZLE 25

```
C  H  T  C  F  G  B  H  G  O  P  V  X  S
L  B  R  D  X  F  K  X  G  J  R  E  D  C
S  U  C  D  H  I  M  Z  H  O  W  M  E  G
Q  M  M  A  I  N  T  E  N  A  N  C  E  S
E  I  D  U  A  D  A  M  A  G  E  D  Q  I
E  P  O  M  F  D  A  C  B  Q  V  A  Y  B
X  B  W  E  L  J  N  E  K  P  D  O  I  W
Y  X  O  U  L  M  K  S  R  A  T  Y  G  X
N  P  O  W  E  R  L  I  N  E  V  T  X  D
F  C  D  W  C  W  G  A  Y  B  S  O  C  I
O  I  S  J  R  D  C  S  E  O  C  C  Z  C
H  Q  R  T  N  S  I  W  L  W  R  E  U  R
K  G  G  G  H  H  I  S  I  K  V  J  U  E
D  Y  C  I  C  V  N  S  L  W  P  M  O  W
```

A man in Canada damaged the powerline so that the maintenance crew could find and rescue him when he was lost in the woods.

MAN	**COULD**
CANADA	**FIND**
DAMAGED	**RESCUE**
POWERLINE	**HIM**
MAINTENANCE	**LOST**
CREW	**WOODS**

PUZZLE 26

```
E N W A D N K B R S Y A P V
A F X C K I V A O W J D N A
V V D F M N H P Q W U G R Q
K L P R O V I D E D E H B E
C Q B X R E N U C B O U R D
H C Z Q E N R N O X P M E N
C O G N M T R R N K Z A A Y
F A T E L E V I S I O N D Z
G L L W A D K C U W J U S B
P M A O O U P E M B A M Q G
D S T A R W W Y E R P Z Q Y
P O B S L I C E D I S G R D
G X U W A A E A R T H N L Y
K Q Y I S C H S M K E O X S
```

More than 1 out of 5 calories consumed by all humans on earth is provided by rice alone. The television was invented two years after the invention of sliced bread.

MORE	**RICE**
CALORIES	**TELEVISION**
CONSUMED	**INVENTED**
HUMAN	**TWO**
EARTH	**SLICED**
PROVIDED	**BREAD**

PUZZLE 27

```
R Z O P H T O T Y O N V X Q
I O A L E J J S G F B M H P U
S G O I A A L T L E S C R I
B N U M D B J O T V R L T L
Z Q Q S Q K A A C N N S Q T
E X M Z U T T C V A V W F W
G T N W A S H I N G T O N W
D A W O R W L I O N S E J X
Z H O R T R E D M O N D D J
C H B L E E N K R O N F C Y
Z R N D R Z U C F Z L U O J
D R B K S C I R O P A M N M
T P U B G M D I Q V U X M R
B N O S Z V U U S D K C C I
```

The world's most quiet room was built by Microsoft and it is a lab room located at Microsoft's headquarters in Redmond, Washington state.

WORLD **LOCATED**

QUIET **HEADQUARTERS**

ROOM **REDMOND**

MICROSOFT **WASHINGTON**

LAB **STATE**

PUZZLE 28

```
Q R A N A C M A F M Y W O H
A V E T R F J O S Y B F C R
P B K E X P R E S S I O N S
V D V D S V G C P L C B L U
H O I J V D I I P G S X Y N
C E N T U R Y K B V S S Q G
U H K J I M K P K I U D T L
E L I K W I T N E S S E S A
C R T N M B G O F X U B M S
J J N F A C I A L X T C O S
W C K Y D Q O R S Y W S K E
Z N N E E W B U H M V S Y S
H T M D K X Q H R D A C N P
S H Q U A R T Z Z Q T U M U L
```

Sunglasses were made out of smoky quartz in 12th century China for Chinese judges to cover their facial expressions in court when they are questioning witnesses.

SUNGLASSES **JUDGES**
MADE **COVER**
SMOKY **FACIAL**
QUARTZ **WITNESSES**
CENTURY **COURT**
CHINA **EXPRESSIONS**

PUZZLE 29

```
V  T  P  B  H  F  X  K  O  H  O  W  N  N
J  T  R  R  L  O  I  B  Z  W  C  R  X  R
W  D  Z  B  W  U  H  F  V  D  E  L  W  Q
B  N  G  V  L  L  O  L  E  T  X  F  T  M
J  P  W  V  O  V  W  P  T  M  D  Q  J  U
L  N  L  U  O  I  I  A  O  H  V  A  J  A
F  I  N  G  E  R  P  R  I  N  T  S  B  F
O  U  K  O  T  M  T  T  R  K  M  W  S  G
X  M  R  S  T  R  I  P  E  S  Q  Z  O  O
J  M  K  K  E  L  G  J  Y  A  A  U  W  P
R  L  R  I  I  F  E  V  U  M  J  H  M  Y
R  X  R  N  K  Y  R  U  E  E  W  C  S  O
S  L  N  Y  J  U  S  T  W  P  W  P  K  T
P  E  Z  Y  V  K  A  C  R  H  R  C  K  U
```

Tigers have striped skin not just striped fur. The stripes are like fingerprints and no two tigers have the same pattern.

TIGERS	**FINGERPRINTS**
STRIPED	**TWO**
SKIN	**PATTERN**
FUR	**SAME**
STRIPES	**JUST**

PUZZLE 30

```
U  X  Q  W  Z  M  P  P  L  K  L  F  A  H
F  B  O  J  Q  F  N  L  T  U  F  M  N  V
F  I  F  S  P  G  J  S  F  W  U  A  D  N
C  C  S  W  X  O  E  Z  A  O  Z  N  H  O
U  F  N  H  H  G  W  R  P  R  A  W  Z  A
S  D  A  U  N  E  E  K  W  L  V  D  C  Z
M  E  N  O  N  A  M  E  A  D  A  M  G  X
J  Q  L  O  C  A  T  E  D  X  U  C  E  N
N  Q  O  E  N  A  Z  E  H  Z  R  I  E  U
Z  U  N  Y  T  C  X  S  N  R  E  W  X  I
C  P  G  R  A  T  A  J  H  F  C  G  N  Q
N  E  Q  J  R  O  E  E  K  Q  S  F  T  N
E  Z  Q  D  F  Q  I  R  P  F  O  Y  J  E
G  P  J  C  S  T  G  I  S  O  T  B  D  Z
```

The longest place name in the world is 85 letters long and located in New Zealand. The name is Taumatawhakatangihanga-koauauotamateaturipukakapikimaung-ahoronukupokaiwhenuakitanatahu.

LONGEST	**LONG**
PLACE	**LOCATED**
NAME	**NEW**
WORLD	**ZEALAND**
LETTERS	**AND**

PUZZLE 31

```
S  H  K  H  I  I  T  R  V  K  I  J  D  V
S  I  B  L  I  N  G  S  R  C  D  Z  Q  X
G  L  S  L  E  G  A  L  L  Y  E  S  I  T
Z  G  H  C  R  E  T  D  V  D  N  A  Q  R
X  C  R  H  Y  N  O  C  E  I  T  L  B  A
H  E  M  I  O  E  O  Z  S  W  I  K  L  U
P  D  Z  L  B  T  I  U  K  G  C  T  Y  I
E  Z  Q  D  P  I  O  E  N  A  A  W  U  R
G  T  S  R  O  C  R  W  L  L  L  I  E  K
K  V  F  E  L  A  G  L  H  I  J  N  S  Q
Q  O  R  N  H  L  R  P  U  A  M  S  L  L
T  M  U  S  A  L  W  T  C  R  X  X  R  O
W  X  A  K  L  Y  T  X  X  O  J  H  D  H
D  B  R  C  F  B  Y  C  L  Z  S  Z  Q  J
```

Children of identical twins are legally cousins, but are genetically the equivalent of half-siblings. Because half-siblings share 25 percent of DNA same as Children of identical twins.

CHILDREN
IDENTICAL
TWINS
LEGALLY
COUSINS
HALF

SIBLINGS
PERCENT
DNA
SHARE
GENETICALLY

PUZZLE 32

```
L F O R T U N E V F G F E E
H O Q P X Q I N V O L V E D
N O T W I K O C G R G R O O
N D I T O N P X Y E F T O C
U F F O E N W L U T X S J J
E K C R Z R T H A O D T N A
U L R L A C Y O K L T J Y K
M I R W E U I Y N D K T N U
C A R R I E D R U T L V S W
B G R P G N N F U C W L I W
Q O K M M V N N F B S W L O
C O M P A N Y E O M I B S H
I P Z N U M B E R S O J M U
S W H O O L N C W S W K F H
```

A fortune cookie company called Wonton Food Inc, in 2005, correctly foretold lottery numbers, resulting in 110 winners. An investigation was carried out and no fraud was involved.

FORTUNE **LOTTERY**
COOKIE **NUMBERS**
COMPANY **WINNERS**
WONTON **CARRIED**
FOOD **FRAUD**
CORRECTLY **INVOLVED**
FORETOLD

PUZZLE 33

```
N N S B U A M U D J P V V U O
E F W G L K U D T P J W K H
A I J B O O C P L S M H Q E
P R E S E N T L Y U A A A S
Y S J S C U U I F Z T D R A
T T O T A L X M I E K T M P
K B V B S I F D B B M J Y I
V G A D T V P K P E O P L E
N S E G B I W O U I R Z X N
R U D C F N P L A N E T L S
I P Z E X G Q M A G O Y H Y
G D N D R E P R E S E N T O
A H X R R O G I F G G T I M
R F V P V R N U K H O M O N
```

human beings living presently on earth represent about 7 percent of the total number of people who have ever lived on earth planet since the time Homo sapiens first hit the earth 50,000 years ago.

BEINGS	**PLANET**
PRESENTLY	**HOMO**
REPRESENT	**SAPIENS**
LIVING	**FIRST**
TOTAL	**AGO**
PEOPLE	**NUMBER**

PUZZLE 34

```
A R I Z O N A S X O S V P J
Y M Q R L B J O S B P Z Y X
V C O Q C X L L U U G V I W
E J F U W U C Y Q I V T V J
N L E G N T R A X L P U T N
R W L C U T O Q P D G J V C
C I V G P H O E N I X S E S
Y R I C E D F Z S N T C Q T
F S X R N B O I N G M O U U
Z I K M N Y S H F Q Y N L P
F E Q U I V A L E N T Q D L
C O P P E R K O W S Z D S X
B R X K S B T N T G J A Y Z
J Y Q E G L X A V R H C S A
```

Arizona capitol building roof in Phoenix has the amount of copper equivalent to 4,800,000 pennies.

ARIZONA	**AMOUNT**
CAPITOL	**COPPER**
BUILDING	**EQUIVALENT**
ROOF	**PENNIES**
PHOENIX	**HAS**

PUZZLE 35

```
P Z A L L O W I N G L D H O
P R D V C Z F E Y C N U H C
P R E I Y E K G G B J O Q B
O Q X S M O V C C B X X D E
T E R I I S P O W C P Y H N
M L T T J D V Z R O S T J T
S X A O O P E J Q J W A M W
S T A R T E D N K Z P K Y G
R Q R S G E G Y T R A U B H
S W H I T E W S K I L N I E
N J M V S D R D F X A N G P
M K D U N I T E D J C L K A
K X O B F B F M T G E U N C
Y H M L M D S X P Y D D O L
```

The Presidential palace of Mexico started allowing visitors for the first time in 2018 and it is 14 times larger than the United States White House.

PRESIDENTIAL	**FIRST**
PALACE	**TIME**
MEXICO	**LARGER**
STARTED	**UNITED**
ALLOWING	**WHITE**
VISITORS	**HOUSE**

PUZZLE 36

```
C S U K I A Q H T W I D B R
O P L L M I L L I O N R F B
B P O S A R R K Q U D Q G Q
E E S P E I V Z O A E S O M
I S N O U K F R M M P T N C
W X T W E L A M A G E H E I
K C A I D Z A N R J N K Q O
D W I T M H L R S D D T S O
A H U B U A S H A R E Y E I
T S J M O S T M Y K N Z Z K
X R L M E Y Q E D E T U R P
Q T D L E N S B D M P Q H D
H B Y R Y Q A D Q T W J I N
B S H C K W N D J N O Q H F
```

According to the Independent, the world's most popular name is Muhammad, an estimated 150 million men and boys around the world share this name.

INDEPENDENT	MILLION
MOST	MEN
POPULAR	BOYS
NAME	AROUND
ESTIMATED	SHARE
	MUHAMMAD

PUZZLE 37

U I I A Z T P F O X C T Q J
S Q Y Q E O S L V P J L N W
A V M T I A U K F W B C W T
P X X Y I L Z Z D R I A J Q
F P I N S Q N G S E R B B S
L I L P P H K B U O T A I Y
V D N Y Q B A O T X H N X E
C D C K L X M F E C O G P B
H A V I N G K F R L P L X V
J R S P M U A A U H K A M U
P C P N R O M V S V L D H O
I F W O M A N I E F D E K Y
V A W S T S I T S M B S S E
E T W I N S E G H E P H I S

In March 2019, a woman in Bangladesh with two uteruses gave birth to twins less than a month after having a baby.

MARCH	BIRTH
WOMAN	TWINS
BANGLADESH	LESS
TWO	MONTH
UTERUSES	HAVING
GAVE	BABY

PUZZLE 38

```
F  B  X  W  N  S  F  G  G  J  V  F  Z  Z
S  U  B  S  T  I  T  U  T  I  O  N  K  B
M  E  M  M  E  Z  J  T  U  W  C  Q  B  N
H  B  A  K  E  F  C  C  U  I  B  H  M  G
P  X  B  B  Y  E  P  O  T  A  T  O  E  S
N  A  S  F  J  U  C  C  A  B  D  C  C  I
I  K  O  O  F  G  E  S  D  A  W  I  Q  M
S  Z  R  E  F  L  E  C  T  F  T  Z  R  I
Z  P  B  W  A  E  J  T  Z  E  Y  W  P  L
B  O  E  I  N  G  C  A  H  W  S  U  Q  A
V  Z  D  M  F  X  I  T  V  V  X  T  O  R
J  E  M  J  Z  E  N  B  S  N  I  F  Y  L
X  R  H  E  D  Y  L  U  C  F  V  J  J  Y
B  R  F  U  S  S  I  G  N  A  L  S  H  Q
```

In a project is called Synthetic Personnel Using Dialectic Substitution, Boeing uses potatoes to test their in-flight Wi-Fi as they reflect and absorb the signals similarly to humans.

PROJECT
SYNTHETIC
DIALECTIC
SUBSTITUTION
BOEING
POTATOES
TEST
REFLECT
ABSORB
SIGNALS
SIMILARLY

PUZZLE 39

```
V V O M J B E S O Q O Y R M
J H W O R L D N Z N I O D J
Q Q C B P H Z H O F L L G N
K I E R T T A S Z O A Y D P
U R U Z T S M L C N C I X P
J P T C X F U O O O E V V M
C E Q I Q N N I U H I Z T W
Z D I O N W T M N X J Y A O
B V N F D A K Z T U Y F W O
C E V O N I C A R A G U A V
Q G K Z G D O M I N I C A Y
C L Z B I I Y D E E D B G U
A H D Y F L A G S A Z X T H
T M I B X C S S Q P V W L U
```

Nicaragua and Dominica are the only countries in the world that have purple color in their national flags.

NICARAGUA	PURPLE
DOMINICA	COLOR
ONLY	NATIONAL
COUNTRIES	FLAGS
WORLD	

PUZZLE 40

```
W J P W Y S O M X F I D Y K
C B L W E C F O R C E X K O
N D Y F Y B M E T E O R A W
P E M M S O B N X T U X A D
Y F C R L M M E L R N A S A
D V M L E B K R C L T L C H
U C S C Z M P G L B I Q I I
D Q E M R E I Y N V L B E R
D D F S H W B R N O U F N O
K D A T O M I C U K A G T S
C Q C E A Q I T B B H V I H
Y Z T Y M Y P J Y S E X S I
B B M Y U G R M J F L K T M
B R I U K U Z G V T V O S A
```

On 18 December 2018, a meteor hit the earth with a force that was 10 times the energy of the Hiroshima atomic bomb. It was not discovered, not even by NASA scientists until after the fact.

METEOR	**BOMB**
DECEMBER	**NASA**
FORCE	**SCIENTISTS**
ENERGY	**UNTIL**
HIROSHIMA	**FACT**
ATOMIC	

PUZZLE 41

```
L  F  U  Q  E  G  F  A  R  W  O  M  A  N
T  V  W  I  H  B  K  O  K  W  R  I  Z  Z
D  P  A  R  T  Y  J  X  U  P  Q  S  S  Y
D  F  M  A  C  W  E  L  O  N  T  S  K  I
O  T  W  G  N  L  F  R  Z  H  D  I  M  E
K  Q  X  X  O  C  H  E  Z  E  M  N  I  W
L  H  U  T  M  D  Q  V  R  R  V  G  R  L
I  K  F  G  D  J  D  E  S  S  A  L  A  Y
R  A  C  K  F  Y  V  P  J  E  C  H  P  L
W  F  W  K  Y  O  I  C  E  L  A  N  D  S
S  S  O  J  C  Q  N  Y  H  F  T  R  M  S
H  Y  X  S  B  O  L  J  F  L  I  E  C  K
O  O  I  N  H  O  C  A  M  E  O  I  W  H
E  D  Q  L  S  L  O  O  K  I  N  G  M  P
```

In 2014, a missing woman on a vacation in Iceland was found when it was discovered that she was in the search party looking for herself.

MISSING	**DISCOVERED**
WOMAN	**SEARCH**
VACATION	**PARTY**
ICELAND	**LOOKING**
FOUND	**HERSELF**

PUZZLE 42

```
E  L  K  J  I  V  A  I  Z  H  J  M  I  S
D  N  O  H  O  E  G  D  N  F  E  X  Y  T
M  T  N  S  C  I  E  N  T  I  F  I  C  O
O  R  Z  E  O  U  V  K  Y  G  N  V  U  R
P  W  P  E  R  C  E  N  T  O  M  X  L  G
X  Z  E  Q  U  Z  N  A  I  D  O  A  T  A
Y  F  O  F  L  N  A  T  I  O  N  S  U  N
X  H  P  V  G  U  A  U  U  N  D  E  R  I
V  I  L  N  O  L  T  S  N  X  P  Y  A  Z
K  O  E  D  U  C  A  T  I  O  N  A  L  A
Q  S  G  P  Z  Y  C  G  T  S  T  A  N  T
N  L  O  D  Q  O  Q  Y  E  B  Y  A  J  I
C  P  R  C  O  L  C  B  D  H  P  L  F  O
D  M  I  M  Y  L  Y  F  D  M  T  H  H  N
```

According to the United Nations Educational, Scientific, and Cultural Organization (UNESCO), as of 2012, 50.5 percent of the world's population were people under the age of 30.

ORGANIZATION	
UNITED	**PERCENT**
NATIONS	**POPULATION**
EDUCATIONAL	**PEOPLE**
SCIENTIFIC	**UNDER**
CULTURAL	**AGE**

PUZZLE 43

```
G  J  L  H  M  E  T  E  R  S  H  A  N  I
K  T  D  I  O  X  C  G  A  T  D  R  O  C
L  A  X  T  R  B  N  F  B  O  C  V  Z  B
R  D  J  R  E  F  S  B  L  O  V  C  J  U
A  Y  V  E  C  X  F  E  E  T  G  K  R  M
M  B  Z  S  S  G  G  L  R  E  G  L  S  B
T  T  C  E  M  L  M  E  K  V  C  Z  Y  L
R  R  A  A  S  X  H  A  I  N  E  E  Q  E
X  A  A  R  M  G  D  N  B  B  V  D  W  B
G  K  X  C  I  X  B  V  C  D  E  I  G  E
N  M  I  H  K  R  U  G  L  Z  R  M  J  E
B  S  Y  E  S  E  H  O  I  L  E  G  Q  S
O  K  K  R  Q  D  S  C  B  S  Q  F  P
U  S  B  S  Z  R  H  G  F  F  T  R  O  P
```

Researchers who tracked two bumblebees, observed that the two bees were able to fly at more than 29,525 feet or 9,000 meters, which is higher than Everest.

RESEARCHERS	**MORE**
TRACKED	**FEET**
BUMBLEBEES	**METERS**
OBSERVED	**HIGHER**
ABLE	**EVEREST**

PUZZLE 44

```
N  R  X  X  O  C  A  D  Y  U  I  I  R  Y
R  W  I  F  H  C  P  I  N  X  H  T  A  M
K  Y  E  H  S  X  S  B  A  D  K  E  I  K
N  Z  K  A  W  A  E  Y  B  M  L  M  Q  I
T  M  T  V  W  N  Q  Z  A  G  U  Q  X  C
P  O  P  U  L  A  R  R  N  C  Z  R  C  K
S  S  T  Z  X  Q  L  I  A  S  Y  W  W  O
Q  T  X  H  M  A  S  M  N  H  V  O  X  H
W  N  O  Y  E  B  E  K  A  A  J  T  L  I
W  W  L  C  I  R  U  P  S  R  E  A  V  X
J  X  X  H  K  X  S  M  T  J  T  C  N  T
V  C  E  D  I  V  N  P  J  F  K  N  S  T
M  D  G  R  Q  N  C  J  N  Q  B  U  H  R
N  P  K  J  U  C  B  I  E  Q  G  J  M  F
```

At Walmart the most popular item is bananas, it sells more than any other single item they have in stock.

WALMART	**BANANAS**
POPULAR	**OTHER**
MOST	**SINGLE**
ITEM	**STOCK**

PUZZLE 45

```
U J V T K R S G A P L V D W
F U P V Z R W T W J K C X W
X P B T P G H G B B X Z A O
R X L Y W B W A I S L F Y U
O W F P A I L M L G I S Q L
A U B O T H N E L F W B N D
M C U P C J H S I T V Q Z V
V P C U H Y F D O R K B P A
A K K L E V F S N L I I D P
M E W A D M E O D E E G F S
P C Z T U G F D A F A Y E W
A C B I N B B J I W O R L D
R S G O D Y C T Z C G X L I
U I U N I W L M F F H X R Y
```

Around 3.2 billion people (nearly half of the world's population) watched both the 2010 and 2014 FIFA World Cup games to see who would win.

BILLION
NEARLY
HALF
POPULATION
WATCHED
BOTH

FIFA
WORLD
CUP
GAMES
WOULD
WIN

PUZZLE 46

```
L M I N Z Q X T J T O T U S
F I W O B R L X R E W T B E
P G S G Z K Z E A L A N D E
F Q M T C W D C U P M I W K
X Y X A I I O S S M N G T K
D J P M I N D G T K E H M T
Y L I E M D G U R N E P O C
S T C R S U I R A A A S H D
H O X I W W E B L C P U V Z
G E Q C S V S B I N E W K L
C K V A E I T E A D N X Y E
B Q B N R R V M L Y H G R A
I M K B N M Q A E L K T P W
N D J H I Y Q X E Q J P T U
```

In 2006, a man from Brisbane Australia tried to sell New Zealand off on eBay. In the listing, the man described New Zealand as "the dodgiest American Cup win ever".

MAN	EBAY
BRISBANE	LISTING
AUSTRALIA	DODGIEST
SELL	AMERICAN
NEW	CUP
ZEALAND	WIN
	EVER

PUZZLE 47

```
W T X V I U T W Q F O W P B
K Y F T R H B X S L S E Y L
K D J T Y J I D L A H M D N
Y B I V L P A S S W O R D U
I I Y O S E C U R I T Y I G
F A L L O W E D Q U M E S W
G A C C O U N T D A A S C X
W U S I N G K P N W I Q O M
H Y Z M C F S G T C L G V Y
W Q N V X D D D F L W H E L
K P C Q S H P H A C K E R S
E V B Z P U C K C X D D E W
C V H I O S J S M G V B D R
A S P P P B U R T A P N F C
```

In 1999, hackers discovered a security flaw in Hotmail that allowed anybody to log into any Hotmail account using the password "eh".

HACKERS
DISCOVERED
SECURITY
FLAW
HOTMAIL
ALLOWED
LOG
ACCOUNT
USING
PASSWORD

PUZZLE 48

```
T  X  B  K  R  Y  H  B  O  A  B  W  E  C
T  E  Y  C  N  T  R  H  A  P  Q  O  P  D
O  L  C  K  W  E  F  H  B  O  Y  P  J  C
F  U  G  H  U  W  R  G  O  P  E  P  T  X
A  R  O  U  N  D  J  I  J  H  I  A  I  K
W  C  V  U  G  I  A  N  T  T  N  N  Q  E
D  X  E  Q  X  B  C  E  A  I  N  D  E  Q
L  N  R  F  S  Z  I  A  H  B  N  A  J  R
N  M  N  V  W  A  S  C  L  G  N  S  S  G
H  M  M  D  Q  S  T  P  Q  L  O  O  Z  T
J  F  E  R  X  U  C  P  L  O  Y  O  B  H
J  Z  N  Q  Q  B  U  V  Z  A  W  J  Y  N
U  Y  T  I  Z  J  P  O  W  N  E  D  A  F
S  K  Z  J  X  D  H  X  D  Z  G  P  Q  B
```

Every giant panda in zoos around the world is on loan from China. Technically all are owned by the government of China, according to Vox.

GIANT	**CHINA**
PANDAS	**TECHNICALLY**
AROUND	**OWNED**
ZOOS	**GOVERNMENT**
LOAN	**VOX**

PUZZLE 49

```
Y  M  C  L  N  V  V  Y  B  X  R  W  W  E  S
O  Y  P  J  P  K  U  Y  V  V  X  Y  L  X  Y
A  C  Y  T  H  N  M  E  A  N  S  K  B  D
W  R  E  S  T  L  E  R  O  H  E  C  E  U
T  C  A  I  U  T  L  I  V  E  K  E  Z  J
I  X  R  K  L  M  T  G  J  A  P  A  N  B
J  U  A  Y  Q  I  O  E  N  L  C  L  X  Z
B  U  B  Y  D  O  J  U  R  T  K  I  U  N
E  A  V  A  R  M  E  L  T  H  Y  F  C  P
B  A  R  Q  R  M  G  D  Q  Y  B  E  N  Z
P  T  C  W  T  H  Z  L  P  Q  O  R  N  Q
Y  C  F  R  H  W  F  L  O  Z  I  Y  K  D
M  I  F  E  Q  W  U  X  B  Z  Y  E  F  A
D  I  N  Y  M  A  S  J  A  M  I  E  I  N
```

In Japan, there is a 400-year-old Japanese tradition that if a sumo wrestler can make your baby cry, it means he or she will live a healthy life.

JAPAN
YEAR
TRADITION
SUMO
WRESTLER

BABY
CRY
MEANS
LIVE
HEALTHY
LIFE

PUZZLE 50

```
Y  G  A  D  F  W  B  T  X  Y  O  W  J  S
Z  V  X  Z  Z  C  D  L  L  M  B  L  E  R
T  A  F  E  F  C  Y  Y  G  A  H  K  S  D
T  C  X  B  S  E  L  E  C  T  I  V  E  P
I  O  S  Q  O  L  D  B  R  T  D  N  V  O
C  T  R  V  I  S  I  B  L  E  K  Z  W  S
J  R  H  T  A  O  Q  P  L  N  H  Z  J  J
N  K  L  D  P  Y  D  L  M  T  T  A  N  D
K  L  D  H  U  M  A  N  S  I  F  P  O  R
A  T  T  F  E  C  S  P  R  O  C  E  S  S
Y  B  V  R  C  Y  D  I  G  N  O  R  E  S
W  U  N  C  O  N  S  C  I  O  U  S  W  C
H  E  H  E  I  Q  P  B  L  W  K  O  Z  I
N  W  I  M  X  V  L  X  G  F  P  N  D  J
```

A person's nose is always visible to the person. The human mind ignores it through a process called Unconscious Selective Attention.

NOSE	**PROCESS**
VISIBLE	**CALLED**
PERSON	**UNCONSCIOUS**
HUMAN	**SELECTIVE**
MIND	**ATTENTION**
IGNORES	

PUZZLE 51

```
E Y N H I B K P U K S V T D
Z F M J M W P A P H M J O A
Y I G L M N G G R I C P C I
J C J B F J G M E O J F G V
C R M U Z D I P G V Z N K Q
L O E H L B L U E J G X S O
B S E M G I W N U E G Q K X
G S A W E K A L O D I Z P J
N C Y W K D M N D C S N R X
B B X G A U A G A V U G G A
Z Y I S M R X L I W O R L D
P D C Y B I D I E R Z E S U
U D R D I N C E N D I A R Y
U C P S J G W I D P D T P U
```

Great Dane named Juliana extinguished an incendiary bomb by peeing on it During World War II and was awarded the Blue Cross Medal.

GREAT
DANE
JULIANA
INCENDIARY
BOMB
PEEING

DURING
WORLD
AWARDED
BLUE
CROSS
MEDAL

PUZZLE 52

```
S  I  N  T  E  L  L  I  G  E  N  C  E  W
W  Z  O  J  R  S  K  T  F  R  B  J  H  Y
E  H  Q  H  P  S  E  D  F  M  C  B  K  M
Z  Y  W  M  K  L  N  I  J  Y  L  M  L  L
O  B  K  B  P  T  O  C  M  F  A  L  V  I
L  H  Y  H  R  O  X  T  P  P  I  N  Q  J
Y  D  X  S  U  N  G  A  S  K  M  D  U  D
R  K  U  M  Q  G  F  T  G  D  S  L  E  S
Q  T  Z  E  B  R  E  O  O  Y  N  F  Y  L
U  L  W  C  Q  D  I  R  E  C  T  O  R  X
N  I  U  F  G  B  T  E  T  X  D  R  U  B
H  R  I  L  B  S  Y  S  E  E  S  M  R  D
I  H  G  E  A  S  E  R  V  I  C  E  X  Y
Y  K  A  C  U  B  A  N  I  S  Y  R  I  G
```

The former director of Cuba's intelligence service claims that there were more than 600 plots to kill Cuban dictator Fidel Castro.

FORMER
DIRECTOR
INTELLIGENCE
SERVICE
CLAIMS
PLOTS

KILL
CUBAN
DICTATOR
FIDEL
CASTRO

PUZZLE 53

```
Y Z P U H G L P J G I A P E
Z R V J X R J F W K I H G D
A L P Q I L Q Z Y L S N C D
F C R A C W L D U R I N G I
X G E H R Q Q U J R I R X T
T A S F M R W P A R Z C K E
S X I W K E O E C E Q F N Z
T F D R R P W T K M G I N C
K A E D V S J L S O U W Z U
T F N E L N Q O O V E C R Y
D A T O L M F U N E R A L Q
B D R A D Z H D M D L N C B
Z G B J W X C L R K B C L C
B O X U S I E Y Z R Y K U G
```

During the funeral of US President Andrew Jackson in 1845, his pet parrot had to be removed because it was swearing loudly.

DURING
FUNERAL
US
PRESIDENT
ANDREW
JACKSON

PET
PARROT
SWEARING
LOUDLY
REMOVED

PUZZLE 54

```
G P E C P Y H T Y Q D N F U
X R Y O U L B B D E Q D I L
Z O J N N J T W T F C M L F
A H W S X U R I E U G E D H
E I V U C O N T I N U E D K
E B S M S U P O I S O N E D
L I T E R A L L Y P H B S N
P T A G U F O F L X A B P K
L I T S J H S Y X N H K I Y
V O E G O V E R N M E N T W
D N S C H R F P E O P L E S
Y O L E Q U L X P U B R O F
B A N N I N G G U F U R P V
D M G E I W C R S D N O A S
```

United States government literally poisoned alcohol during prohibition, as people continued to consume alcohol despite its banning.

GOVERNMENT	PROHIBITION
UNITED	PEOPLE
STATES	CONTINUED
LITERALLY	CONSUME
POISONED	DESPITE
ALCOHOL	BANNING

PUZZLE 55

```
K A V X M I S T A K E N L Y
A H G A E X X F D W Z D Q K
E S C S N A F E Q M E N S K
H X K L T C Z T A I A P C S
G R I Q A Y C P D O L I I X
W T P J L S O P I M I G E P
L U G A L U O H S M V T N J
V O R S Y N D R O M E V T D
F A E G H K T W R C Z D I D
P M A X S Q U V D Y E F S W
V P T M K E Y M E I D B T E
A L E X A N D E R J G S S T
C S O I C I U U T K G M Y W
B X M Q V E B Z T F Q V C I
```

Alexander the Great was mistakenly buried alive. Scientists believe that when he died he was actually just paralyzed and mentally aware due to the disorder called Guillain-Barré Syndrome.

ALEXANDER **PARALYZED**
GREAT **MENTALLY**
BURIED **DISORDER**
ALIVE **SYNDROME**
SCIENTISTS **MISTAKENLY**
DIED

PUZZLE 56

```
Y C D H G V L H O J X B N O
G A C W X D O L U V S J Z F
O P W I L A U R M K M J Z J
Q U U U R A V F D K E C P F
M F L A U L L G F E A E E B
B L H O C T E L D Y R B P S
G P O G S L A V E S E Y I D
E G Y P T I A N S G D P E P
W K H B D I O F P K E T D M
Z D U L B H F S I K X D K H
X Q S B P Q E E S C X B L W
Y A Y D Y F L I E S S F E Y
J P S C N A K E D O L D E S
K E G E P N R I B T O F O B
```

Egyptian Pharaoh Pepi II allegedly despised flies so much, he'd keep naked slaves smeared with honey near him in order to keep the flies away from him.

EGYPTIAN	**NAKED**
PHARAOH	**SLAVES**
PEPI	**SMEARED**
ALLEGEDLY	**HONEY**
DESPISED	**ORDER**
FLIES	**KEEP**

PUZZLE 57

```
J  H  B  M  J  A  S  E  P  P  S  A  B  X
F  U  Q  K  S  W  F  Y  A  L  E  F  I  Y
E  R  S  J  J  O  K  V  I  T  A  L  Y  Z
Y  G  A  N  O  X  M  S  R  G  I  N  V  B
A  X  U  U  W  A  N  G  Q  O  P  N  D  Z
C  I  S  H  J  E  F  A  F  O  R  K  G  P
F  X  A  R  T  I  F  I  C  I  A  L  G  N
Q  H  X  U  E  Y  C  S  G  X  R  R  M  X
S  A  C  R  I  L  E  G  I  O  U  S  D  T
Y  N  O  M  N  E  N  E  K  I  C  B  T  K
F  D  F  F  I  N  T  R  O  D  U  C  E  D
I  S  B  M  F  V  U  D  Q  G  E  Z  W  H
Y  I  S  M  M  E  R  E  Y  J  V  S  M  L
B  M  Y  L  O  M  Y  Z  T  N  X  V  F  G
```

Using the eating utensils fork was sacrilegious when they were first introduced in Italy in the 11th Century because they were considered artificial hands.

EATING	CENTURY
UTENSILS	ARTIFICIAL
FORK	HANDS
FIRST	SACRILEGIOUS
INTRODUCED	ITALY

PUZZLE 58

```
Y  W  M  I  P  L  R  E  A  B  M  R  P  F
E  Q  C  V  O  W  F  V  F  L  E  E  T  Y
H  P  K  Z  L  F  S  A  T  D  V  D  E  H
G  I  G  L  E  D  L  J  N  J  Q  R  I  H
Q  R  S  E  E  Y  S  A  F  P  O  I  F  S
A  A  U  T  W  F  M  A  G  R  M  N  X  W
K  T  C  X  O  M  J  V  T  O  F  J  T  Z
M  E  C  T  O  R  S  M  X  S  F  W  N  H
G  U  E  C  I  M  Y  A  V  T  F  M  Y  S
P  G  S  H  H  V  K  G  E  I  Q  V  L  H
U  H  S  I  L  I  E  Y  V  T  K  Y  O  I
Y  G  F  N  B  P  N  T  U  U  V  Z  R  H
S  G  U  G  S  K  V  A  P  T  R  W  W  E
Z  Z  L  N  U  W  W  A  D  E  Y  L  O  M
```

A prostitute in China named Ching Shih is the world's most successful pirate in history. She was an active pirate commander in the Red Flag Fleet.

PROSTITUTE	**HISTORY**
CHINA	**ACTIVE**
CHING	**COMMANDER**
SHIH	**RED**
SUCCESSFUL	**FLAG**
PIRATE	**FLEET**

PUZZLE 59

F S B W M X P D S A C R E D
B H T F F E E T Q W E R X D
B P S B S O N P Y K F V H M
F M H P L E U N K E B U U Q
T P R V M W L N L J D P M M
C O Q T S E T A D A J F E J
C P S P G U I L T Y S A D M
G E T I W R M B Z S Q U V F
V U R M T U A J A K G S J X
Z M I H O C T I E D C C X R
D O P O S T E P H E N I W T
W R P M V Q W V G J R I U C
W J E D N T A H Z R N N R T
I D D I G V S N M W R K D V

Pope Stephen VI exhumed the corpse of his penultimate predecessor Pope Formosus' and put it on trial. The corpse was found guilty, stripped of its sacred vestments.

POPE	**FOUND**
STEPHEN	**GUILTY**
EXHUMED	**STRIPPED**
CORPSE	**SACRED**
PENULTIMATE	**VESTMENTS**
TRIAL	

PUZZLE 60

```
U  Y  R  R  O  R  G  S  V  C  V  F  L  L
E  G  Y  J  G  P  X  J  O  H  N  M  W  H
Y  D  Q  R  V  U  I  K  H  A  Z  E  I  C
O  G  X  E  B  N  M  X  I  G  B  D  M  I
Z  Z  G  L  T  N  A  C  O  S  D  I  H  N
H  P  Z  X  R  S  I  M  K  O  N  C  X  D
A  K  Y  N  S  S  V  W  E  L  I  I  W  I
Y  I  T  I  Y  T  R  Q  T  D  U  N  V  G
Y  E  J  H  F  B  H  E  C  U  R  E  C  E
S  T  P  D  Q  O  E  Q  H  O  D  M  N  S
I  O  T  E  C  Y  P  V  U  E  O  J  Z  T
N  X  I  D  V  U  J  O  P  V  I  K  Q  I
I  P  D  C  F  F  J  E  D  E  H  E  I  O
F  B  U  B  L  Q  G  D  V  D  E  W  U  N
```

In 1834, ketchup was sold as medicine by an Ohio physician named John Cook. It was sold as a cure for indigestion.

KETCHUP **JOHN**
SOLD **COOK**
MEDICINE **CURE**
OHIO **INDIGESTION**
PHYSICIAN **NAMED**

PUZZLE 61

```
F  M  F  E  D  O  M  U  V  C  M  I  Y  W
U  E  T  F  D  W  T  F  C  G  V  F  G  J
A  I  B  T  K  E  J  B  A  T  X  W  V  G
Z  E  C  L  L  J  E  N  B  M  P  Q  Q  F
B  T  L  Z  K  W  H  R  J  O  Y  I  I
D  T  M  A  S  R  L  F  A  M  E  N  Y  G
T  M  S  K  V  E  I  I  H  L  H  Q  G  H
U  B  Z  U  J  S  N  W  A  B  L  V  L  T
S  L  S  R  T  T  C  J  M  Q  U  D  O  E
X  M  C  G  R  L  O  B  S  L  E  M  T  R
P  S  V  F  U  I  L  L  I  N  O  I  S  H
T  C  Q  Y  K  N  N  E  R  Z  L  S  C  G
I  H  U  P  A  G  S  A  L  E  M  H  S  A
C  C  C  O  N  T  E  S  T  S  P  H  K  V
```

Abraham Lincoln was honored with the award of "wrestling hall of fame" after only one loss among his around 300 contests. The 6'4" president was an elite fighter in New Salem, Illinois.

ABRAHAM   **AMONG**
LINCOLN   **CONTESTS**
EARNED   **ELITE**
WRESTLING   **FIGHTER**
HALL   **SALEM**
FAME   **ILLINOIS**
LOSS

PUZZLE 62

```
X  J  T  F  G  P  O  S  K  S  O  L  W  J
W  X  Q  Y  I  P  S  X  Y  L  K  Q  C  E
U  Z  D  Q  X  C  I  G  J  C  S  A  W  D
W  A  U  R  R  F  D  I  A  H  H  S  E  J
Q  N  P  B  O  A  K  L  Z  K  O  R  H  V
P  Z  M  K  Y  U  I  G  C  R  R  J  N  D
M  I  V  Q  C  G  N  L  U  U  T  A  F  T
I  B  L  B  P  U  G  V  C  M  E  K  N  D
B  A  W  A  R  S  D  C  V  N  S  X  E  G
Z  R  H  I  S  T  O  R  Y  U  T  T  E  G
K  K  T  L  D  T  M  M  Z  M  I  E  G  O
Z  M  Q  T  K  T  I  R  Z  N  U  Z  R  X
O  T  A  W  V  M  I  N  U  T  E  S  P  W
N  B  M  W  B  K  H  U  G  P  V  B  D  R
```

The shortest war in history occurred between the United Kingdom and the Zanzibar Sultanate on 27 August 1896, lasting between 38 and 45 minutes.

SHORTEST	**KINGDOM**
WAR	**ZANZIBAR**
HISTORY	**AUGUST**
OCCURRED	**LASTING**
UNITED	**MINUTES**

PUZZLE 63

```
T L V D F A W C R L D D L P
V Y R E G I O Y L D H E E R
E H G K N C R I D N M U G U
Q F A C E U B S U I I U U Q
L G I H S W U A T C R A Q C
T E E A H A S L N T Y I O Z
B O E S H S E M O K W P I A
N R Q E I H C O F V F E I J
T G M Y R I R N Z K P N G Q
D E S I G N E R O H U Y W T
V X G Q S G T B G T X A D I
G M I V V T A X O V E X G A
R P P M U O R H G I O S C R
W N H P P P N Y M H C P X O R
```

FIRST	**SECRETARY**
FACE	**TREASURY**
BILL	**TIME**
GEORGE	**DESIGNER**
WASHINGTON	**BANK**
SALMON	**NOTES**
CHASE	

The first face of the $1 bill was not George Washington but Salmon P. Chase who was Secretary of Treasury at that time and also the designer of the country's first banknotes.

PUZZLE 64

```
R O C L O S E N E S S R A C
O F N T Y Y K D C O W K F U
M A M D S R A I M U E L U X
U I Z B M J P Q N G A G R A
M A H B A M E W X N T A D K
U Z G B Y W R H A O I T E F
R T H L T K F A Z W N H Q F
U Z O N V Z O A N X G L C N
L P A Q X Y R Q O C N E Z A
J S A P C Q M T R B I T M K
J S T O R A E A C H I E V E
Z G H J L D D G G O D S N D
E H B U V K O O H S D U T T
A G W B C D H M I P H J X Y
```

Athletes performed naked in the ancient Olympics, this was to achieve closeness to the gods and also help detox their skin through sweating.

ATHLETES
PERFORMED
NAKED
ANCIENT
OLYMPICS

ACHIEVE
CLOSENESS
GODS
DETOX
SKIN
SWEATING

PUZZLE 65

```
I  H  G  X  B  K  F  N  G  A  G  S  D  R
T  D  Q  R  F  K  A  R  X  I  L  Q  Z  B
H  S  K  O  F  J  N  D  B  J  U  U  U  N
A  T  Q  D  I  P  N  O  O  G  R  S  A  M
R  L  H  J  N  A  I  J  L  P  Z  U  H  C
J  X  V  O  V  M  V  E  O  A  T  I  C  H
Z  J  G  E  M  E  E  F  U  H  N  I  O  T
X  J  H  J  H  A  R  F  F  S  N  D  O  W
W  B  A  Y  V  Z  S  E  C  D  I  E  D  N
L  R  D  E  C  L  A  R  A  T  I  O  N  T
H  M  A  C  N  Y  R  S  P  K  B  E  D  K
H  E  M  S  M  W  Y  O  F  X  X  U  D  A
Q  Q  S  C  I  E  L  N  A  J  D  J  A  D
S  N  B  F  C  Q  K  L  R  Y  F  B  Y  H
```

Thomas Jefferson and John Adams died on the same day, July 4, 1826, which was also the 50th anniversary of the adoption of the Declaration of Independence.

THOMAS	**ANNIVERSARY**
JEFFERSON	**ADOPTION**
JOHN	**DECLARATION**
ADAMS	**DIED**
DIED	**DAY**

PUZZLE 66

```
R  I  S  I  R  H  Z  V  Z  K  Z  Y  B  P
C  E  I  C  R  F  Q  K  A  M  N  S  E  X
B  O  A  I  B  A  K  D  Z  E  P  C  U  Z
L  S  Y  L  S  Y  W  T  U  D  T  P  F  A
T  M  U  I  Q  M  A  Y  K  S  K  V  F  S
P  B  N  K  N  X  R  H  I  R  J  O  A  T
V  R  C  K  M  V  R  M  G  H  S  M  T  R
X  I  L  I  O  U  E  D  I  S  O  N  Y  O
L  T  A  I  W  H  N  N  U  H  W  J  X  N
E  I  P  U  C  U  X  F  T  L  B  R  U  O
Q  S  G  A  O  E  Z  B  E  E  S  N  U  M
E  H  Y  H  S  A  Y  C  H  K  D  R  N  E
B  A  M  V  T  A  I  N  V  E  N  T  O  R
Q  Q  N  Q  S  J  C  H  S  C  U  H  Z  P
```

The light bulb was not invented by Thomas Edison, the real inventor was actually Warren de la Rue, a British astronomer, and chemist.

LIGHT
BULB
INVENTED
THOMAS
EDISON
REAL
INVENTOR
WARREN
RUE
BRITISH
ASTRONOMER
CHEMIST

PUZZLE 67

J J U O Z D M P Z X R A N C
V O E K W P F K N L E S S E
Q D W R Q A E D W U S J L L
Y F N L I R E U W I E W B E
Z I C Z P T L F J Z R O A B
W E S W R Y S B T F V R Y R
W R I A Y I P U P L E L X A
I U T Q Y N N K O F S D K T
K S T K O G D H G R K D V I
X S Y F T B N M U S O D W N
Z I Z C J O M O O V S C P G
K A L L Q N H M Y R F C R Q
Y D S W K S V V E G K O O G
H J W B P P E V K L M O G O

Russia ran out of vodka celebrating the end of World War II. All of the nation's vodka reserves ran out a mere 22 hours after the partying started.

RUSSIA	**WAR**
RAN	**RESERVES**
VODKA	**HOURS**
CELEBRATING	**PARTYING**
WORLD	**STARTED**

PUZZLE 68

```
V R O H S F B R F N I D N E
T L Z U W O E M P C P L Z H
B J G C T I L R T O U B C A
F J P H W E B C A W D L R T
X C B O M U P K J B B Y W S
E R L I L E W L U O K S J T
L G R C A K M P H Y O J M D
S T H E I R V R R S B I K Z
E J Q L E T P U Y E R R H F
T I B N X K T Y P J O E U F
H T I F K N W L Z T E J U U
N H U O E L E P W C H J K U
D E A C T U A L L Y Y M J U
U B O W L E R L R Z L W P Z
```

19th century Cowboys Didn't Actually Wear Cowboy Hats, their hat of choice was bowler hat.

CENTURY
COWBOYS
ACTUALLY
WEAR

HAT
CHOICE
BOWLER
THEIR

PUZZLE 69

```
N C Y X J Q W T P K L L T A
V K E U P Z J Y U X N Z H N
G A Q R M T T S W A U C O C
W N M M K J A D U T E S R I
Z Z U P O H H Q E O Y S P E
C A E H I W R L T P T K V N
P B G F S R P M X O L I W T
K D F R N O E B X A T N M T
R E D H E A D S Y I D N O S
E A O P P E H K S M G E B E
L T B A E L C N C P U D H H
R H T L V U E E D T B B C D
U C S E P S U N L I G H T A
A L N P L C K H K R Z D J P
```

It was believed that redheads became vampires after death in ancient Greece, this was partly because redheaded people are very pale-skinned and sensitive to sunlight.

REDHEADS **PEOPLE**
VAMPIRES **PALE**
DEATH **SKINNED**
ANCIENT **SENSITIVE**
GREECE **SUNLIGHT**

PUZZLE 70

```
W A S G W K T Z A C H A R Y
L G C Y R I E H F H D O E F
H C S P R E S I D E N T S U
K F P A R F N O S R Z M L N
K A S R G G C O B R S D E I
S T A T E S D E J I L W C T
G W G Y Z R C W R E D I I E
B H L S E O Y R D S C M C D
M U F V Y D D R I N K I N G
J P O Z I B E P E Y F L O N
B T T P Y R I A D F J K P S
W K Y E T A Y L O R V J D F
N B W G X Y Q W Y X Y G T P
U G H O C P H I C C P F G E
```

United States President Zachary Taylor overdosed on cherries after 16 months in office. He died after eating too many cherries and drinking milk at a 4th of July party in 1850.

UNITED
STATES
PRESIDENT
ZACHARY
TAYLOR
OVERDOSED
CHERRIES
OFFICE
DIED
DRINKING
MILK
JULY
PARTY

PUZZLE 71

```
C I B P S H W F K Z D F D R
V Y Z M L P Q K M B J S O F
F R E O Y A M S R P Y N A R
A A D R I F T I N G E N A K
H J D S V H M E D E A J A O
E P S O A Y J E C D R Q N F
L E A L A S K A M E L M C I
X I M C O M O C S J Y E C T
A O E W I W K O Y F Z E X D
N O R T H F L M A M C I W Y
W N I E W C I Y E Q F T Z O
W X C M M U M C G Y U H S S
H H A W A I I G G G I Z B V
V A N P Q G W W Y X V X Q Q Y
```

Hawaii moves 7.5cm closer to Alaska yearly. This is Hawaii sits in the middle of the Pacific Plate, which is slowly drifting north-west towards the North American Plate, back to Alaska.

HAWAII
CLOSER
ALASKA
YEARLY
MIDDLE
PACIFIC

PLATE
SLOWLY
DRIFTING
NORTH
AMERICAN

PUZZLE 72

```
S  K  Z  W  X  K  Q  B  V  B  O  N  C  F
B  B  G  C  M  I  G  X  H  C  K  T  D  C
H  Z  W  W  V  I  U  K  I  I  E  R  L  Z
Q  W  P  H  H  I  M  W  T  Q  T  I  X  G
R  F  O  F  D  U  C  X  L  U  O  P  I  I
C  Y  I  F  T  F  I  V  T  B  T  L  C  D
V  M  N  Z  Q  Z  P  P  H  A  S  E  S  O
J  M  T  E  M  P  E  R  A  T  U  R  E  O
C  Q  E  I  P  D  R  E  P  F  L  S  F  I
N  F  I  C  M  T  Q  S  L  V  A  D  E  O
K  S  D  E  D  E  H  S  X  K  V  U  Z  I
A  D  C  Q  G  N  H  U  J  X  N  Y  U  H
W  V  X  W  A  T  E  R  Y  Q  O  Y  L  P
F  K  F  R  E  E  Z  E  O  K  B  D  V  U
```

Water can boil and freeze at the same time. This occurs when the temperature and pressure are just right for the three phases and it is called the 'triple point'.

WATER

BOIL

FREEZE

TIME

TEMPERATURE

PRESSURE

PHASES

TRIPLE

POINT

PUZZLE 73

R C R G W P O N T Z Q N Y Z
I B A L W T O T K I F K H Y
O E E I H S P M Z M M K V J
Z M F F R D E N T I R E K L
Z U U E S A Y A X L D B S M
R V P T F P Q V X E I V J D
C C S I I Z N E K S Q V D D
Q I P M U W O R L D T J E I
L L Q E P Y O A P H D V X D
R T V U F W M G E C B A H T
D I S T A N C E R V G B X V
F H S W W B V H E L F U F M
U O M C W X J Y D E M T T B
O T Q J N B U Z L Y A P Y M

In an entire lifetime, the average person who lived up to 80 years would have walked a distance of around 110,000 miles equivalent of walking five times around the world.

ENTIRE   **DISTANCE**
LIFETIME   **MILES**
AVERAGE   **FIVE**
PERSON   **TIMES**
LIVED   **WORLD**
WORKED

PUZZLE 74

```
X  M  P  P  V  D  D  I  J  S  J  K  V  B
S  D  M  T  E  U  P  H  A  V  W  I  T  P
Y  K  P  W  J  Q  K  J  P  P  K  S  C  O
F  H  D  W  E  I  G  H  E  D  G  G  N  W
U  U  T  L  C  B  L  G  K  X  Q  S  G  D
B  N  E  Y  T  U  V  S  T  K  A  L  E  M
C  T  T  R  O  G  J  E  C  A  W  G  O  Q
V  X  A  I  R  P  L  A  N  E  G  V  D  Q
D  V  E  E  Z  R  L  T  H  U  M  A  N  Z
P  R  L  A  A  B  E  A  R  A  B  J  I  K
N  I  N  L  I  C  H  D  S  Z  R  J  F  W
J  B  L  C  R  C  L  E  S  A  H  R  Z  O
V  L  U  O  D  B  I  Q  F  I  Q  N  D  C
I  L  F  N  T  L  R  M  L  Z  H  P  Q  W
```

In 1960, the U.S. Air Force used a drugged black bear that weighed the same as a human pilot to test the safety of an airplane ejector seat.

AIR	PILOT
FORCE	AIRPLANE
DRUGGED	EJECTOR
BLACK	SEAT
BEAR	WEIGHED
HUMAN	

PUZZLE 75

```
D G R A S S H O P P E R S B
F S D T L P O W V O A F R D
Z A I D Y Q F R I Y S A A V
V M Y K O M R V I E E Y T N
X B C K R V P O D K J T N W
H E A R S K R A M S H Z D S
K L U S A K O X N E L N N W
W L U V D W T K K U D A H O
Y I G X U M E W K M M S K N
H E N G L J C Q W U E V I T
E S S G T M T N H J A H P O
W D M E S D E X U B B R O J
G R M H E A D Q E G N E Y R
P B J C W L T O L P U X W H
```

Unlike humans, grasshoppers do not have ears on the side of their heads but on their bellies. In adults, the tympanum is covered and protected by the wings.

HUMANS

GRASSHOPPERS

EARS

HEAD

BELLIES

ADULTS

TYMPANUM

PROTECTED

WINGS

PUZZLE 76

```
S A U M V E T S T R E E T B
X Z K R O V F L R H V I J Q
L G S U V G N E D G J N W E
X A O S V K E E N B C Z E G
X A J X H N V I L N N O S P
Z F Y G N I K T Q W V K X P
F F W Y V N L K E T I N M U
C I L R I C W V W I Q W W P
C R U S C L A S S T I R J P
H S Y S P U L X O A J I H Y
L T N C E D A J B N A J F A
G N P O M E R A N I A N O J
D J X W U D O G S C T N T O
X X F W Z G U D E U Z J S S
```

3 dogs survived the Titanic sinking, Vetstreet said that the dogs were in first class and included a Pomeranian puppy.

DOGS
SURVIVED
TITANIC
SINKING
VETSTREET

FIRST
CLASS
INCLUDED
POMERANIAN
PUPPY

PUZZLE 77

```
T X V E N J O M U R R X A O
B U D J Y Q G U F Z R A V G
Y H G S W I W S O E Z H R F
T E O C D S R O N T Q O P F
V P Z U R E V M M N H N O Y
U S O D R N V N Q D B G L M
P M D V Z S M I N H S D R N
H E V I D E N C E T W I M N
U L E X G Q F O D I C L I K
B L O O D H O U N D I S L F
A K N Y J C L R J A O A E N
A E T G W V L T R A C K S D
A W B Q H Q O T G B N G Z Z
N W B Q H G W H P S E E J I
```

"Bloodhound's sense of smell can be used as evidence in court. Bloodhounds can also follow tracks that are over 300 hours old and can stay on a trail for over 130 miles." - www.purina.co.uk

BLOODHOUND	**TRACKS**
SENSE	**HOURS**
SMELL	**TRAIL**
EVIDENCE	**MILES**
COURT	**FOLLOW**

PUZZLE 78

```
V T I M E O A W A F J C I A
I J C V E V N C A P S Q R U
X M I H S W E O W G K R W O
S F P U W W X N O C H E D B
R P Z Y H T W D T E K I B W
Y O T I O P R I H S H A E V
S F U T U R E T F U I T S P
G I P X R O G I I M C N S F
W H T D A V U O G I G O N V
R G C N P E L N D U K H A I
J L V R G N A E E L P V U L
S K L V N M R D A Z O W D P
L R H M A P I W D V A C A L
E J U B P N Z K K M C U L G
```

"Dogs have a sense of time. It's been proven that they know the difference between one hour and five. If conditioned to, they can predict future events, such as regular walk times." - www.thedrakecenter.com

DOGS
TIME
PROVEN
HOUR
FIVE
CONDITIONED

PREDICT
FUTURE
EVENTS
REGULAR
WALK

PUZZLE 79

```
M T M M T W Z L X X H I F P
Y N O N H A G S D W L Q C Q
Z Z D X A D U L T V G A R X
N L B Y N D R E A M R D E A
A M A K L M T E L N F M F G
A C J W X Z I P A C A I N R
K B M O J D T I Y W K D C F
P F R E Q U E N T L Y N N K
L U I B B N M G Q N I R R C
T D P W W A Y L S X O T B R
Y Y W P H J D G K I P Z G Q
K M X O I T O Z N U A B X S
U L P Z L E G E C W M S K I
T M T N E K S E D G G X J L
```

All dogs dream while sleeping, but puppies and senior dogs dream more frequently than adult dogs.

DREAM
SLEEPING
PUPPIES
FREQUENTLY
THAN

SENIOR
BUT
DOGS
WHILE
ADULT

PUZZLE 80

```
J P N Z X P O D N S K U Q R
E T T M G T Q I V P S N T O
A B R O G U W Z Y Z O N O F
U G E A O R I E N T X S E M
P S C J I V C D G A X Z T D
L H Y T P L M N E M M Y V O
L K Q P Q D I F V P V E K A
V I H B D H P J S X E O D D
N Q B M S E I T Z S I N I I
I S B A Y L C K M F I P H I
D S W N K P M P E L M N J W
O C R H B I L L B D V N C A
C M V W N N C R N P F C B D
D D P V K G K C D M H L I L
```

According to the Washington Post, in 1990 a blind man named Bill Irwin hiked the Appalachian Trail with his guide dog, Orient helping him along the way.

WASHINGTON	**HIKED**
POST	**TRAIL**
BLIND	**GUIDE**
MAN	**ORIENT**
NAMED	**HELPING**
BILL	**IRWIN**

PUZZLE ANSWERS

PUZZLE 1

```
L D U W Z I Z P N C Q U V B
F J S S I T X Y F F R H X C
S X M D X E E I D E H K R J
G Y I R N L Y B Z S U F N C
V O I S K E F X E C M O B F
G S A Y S V Q M X I A B Z A
J C Z Q O I S S I F N W F U
R O P L X S X G H P W G C H
A R P Q O I F I F E H H S L
D U F F C O L O R O I D T U
R F K G W N J O B P T R Y J
J D E O A V F R S L E E P Y
B B H A X E D M Z E Z A O T
Q X J J B L A C K S D M G A
```

PUZZLE 2

```
P L L P D L V O J V V Y B U
G B X X N Y E F U T W O W
S L U B D U L D K J L H D D
B Q L D T K S R B Z T O Y B
R T H M O R O M W R O L S H
F J U I P W K R A L R E T D
L Z M L T B N E B L G S N B
K U A E L V Y W I L L U L K
F T N S D U S E Y E O E W C
F K M F U T A M S R N N J X
Z D S X U X Q S X I G O G S
T Z K W V E E M E A S U R E
W G W Z O V N D Y I V G O E
A R V L N K L H N W J H X C
```

PUZZLE 3

```
R L I N R J Y K U E W Y V J
K B A L W N Q T I W D N O S
C B A X K G F H G O I M S I
S D I C C S C U B K F R P M
B A J U T W I Q S S F E K T
I N U X P E K Q H P E N P M
O D O W P I R R U E R E R C
H H N L V X O Q I M C E W O N
H C R B R U A G A I N S T D
N Y P X N T E E N E T N E V
O Y L G N E Q A M S P L C S
S L A Y E R R I P B C Y T V
R A N C O N T I N U A L L Y
V X I Y J B F Z Y C E M O M
```

PUZZLE 4

```
Y G J U T U G S T W I V N L
M A I F T Y L P I S P I Y Z
M C G A W O R K O U T N D H
I G E T R X F E J I B T W C
P W B T I R S X S T R E S S
S P N Y H R E G U L A R M M
Q O S J A I V V P P I E E R
C Z H W C O N T A I N S S N
R Y L Q I K P K I B E T E G
I O A B D W B J Z P P I L Y
N L I Q S Z R I O F X N N R
S H H E W E O N F O M G A P
C U W H I L E Y Y W D X F A
X E C Z J J W Q B L B I I P
```

PUZZLE 5

```
G G D U S B P F N C D A H C
H D F G O T R I J Q C T I N
M N M S Y T O N G U E I S E
L Y L W N D D G L A O O Q P
G D A I Z O U E V N A W J T
K N R M F N C R F T I G C Y
S P Q M G E E P F I C F K Z
P O J I Z V T R O T Q P Y N
F O C N S U U I U Y S L Q C
F L X G A E Q N M G P X J Q
W Z I A L A U T I E O O F Q
X N E L I A T X O Q R D E H
E Z I F V Q N C X H U F I J
T F C M A Y U D Q Q N E E H
```

PUZZLE 6

```
S P S J Q Z C X W T I D D K
R F M P E S Z J M V S O W E
E Q B M H B P K I E T U A C
P D R N B O D Y N M L I L P
R G M N O N H I U T Z V U U
X H G V I H W A T E R B B O
A M U M L R P H E A R B C W
S I G M G I V E S D N S O Z
U Z H E A T T O H B K T Z G
I S I A L N W V F L J T L D
F O G X L E S S M L L Q L T
R G H C O F F I G A H H N G
Y C S S N I T K Z W C V T T
H L U F B G D W L Z A H Z G
```

PUZZLE 7

```
S V G W K S G T T J W C V D
W I P J Y I N C H E S S E W
Q O W B H E R N K O H T D G
X Q V G T N Q A A F E R N R
O A F N M O M D K I N O Y A
X N O R B U V I B T L N D I
K C D Z E G O S S E O G Z Q
M G H O N H Q S D R Y V Y Y
J G B Y B J E O I X F I W X
R R A Z O R B L A D E S X F
B F M Z H B M V T C B R T J
Z A X W F U F E Z E I C B D
F O G T I Q J P R I O D Y M
W R W W W M Z G H A E W I L Q
```

PUZZLE 8

```
K K K B P J R X S Q K V T I
L K A U S R X W A G K G O J
L U E P V Z C T S S G L X
U C O J R V U K U E U B L A
R W X I T O N J E C Q S I V
H C L Y B L C O V O R I O T
E O O A X F E E L N Y G P I
N N F R F V S Q S D L N M X
L S C E I T Y R I S F A B I
C C U M R O E Y U D E L E L
J I V A Y D B R A I N S E M
S O P I W D Z Y S P A I N L
A U E N I A H E A D W I J A
V S D S D S Q E J K K B U I Z U
```

PUZZLE 9

J D I L Q S R J H H I L L
Y C S D T N Y W U M B K O M
W B M N E S Q M D N T L W X
G A E M A N V Q T W I N S U
C C L T T O T K H C D Q Z S
S C L U T S N I R P E A U R
Z R S E G E I Y F X N N N E
L V D N M P R V K Y T L E M
L L C O M E D T T Q I D M E
M D W Q V N S M C E S M
A R C E I C J H Q W A R G B
O H X J F M N V Y L L P F E
L A J V A H A X I G T E T R
I U J U M C T L F X W S M P

PUZZLE 10

E S T A K G F V E C M Z V B
P T M J Q Q O Z B O T L Z O
K N N I G H T Z Z M T X Q Z
B H Y F V M U C G P Y K W S
B D V K P L G N E A D F R H
Q D Y H B V I E G R W R W O
E T C E B N L N W E E K S R
M N E V R S D M E D R K B T
Q W B O D Y J W L E T I A E
X N M S P R Z J T A L L E R
Y I R D Z Q K S C G C L D Z
Y T W D Y C A I C E X W N B
X F C W U F I L D K F S P E
W B V N C Z J T K X Z D U P

PUZZLE 11

W D A N T Z P D A W G A C I
K W P M A V J L Y U X O I B
B Y K C I J E E N E Y C I F
J S V G M F J B G R U A I U
D S V P P F L F O G Q P E Q
O B B M U D Q M X D H A R D
D W S H L H E F O U R C Q S
T R A N S M I T S D O I E P
S L V H E O N T H V R T V E
H U Y S S R B I Y R A Y T E
E T F T N E R V E F K I R D
L C W L F M A Q H V X C X C
U U G U W W I Y K O U P H X
Y Y Z Z F K N Y W H F Z G B

PUZZLE 12

Y A F A P W M S T I Q P X O
D N G X V P F I U B Y V V Z
X Q T V T H I N G C L A T M
K J D S H S M F U F Z V T Z
I W I F G Q C O U T W E D Z
G F U N W O C R A N O R E D
B L I F E T I M E S D A C F
N E H U M A N A B G C G S K
B O B F W N C T N A P E K C
S H S X J L D I R E C A L L
Y Y K X S F V O M E E K U F
T R I L L I O N I V P C S N
X G Q S L E E P L P X B J H
U Z R X U H M F S H A E G D

PUZZLE 13

```
E H P N Z L V A Q V N Y J P
H H N E Z S M U W I R K Z F
Z A T S D Q Z C S C A I T Y
N Q N X C M G G N S G S T Y
K T W D B A I Y X O U S L C
L T H N E P E O W Q N I H T
R I G H T D E F L C P N R J
C L V L A M M R T Z U G E S
W T C E B B S T S L B W V K
T F H O O V U P E O P L E Z
B S Q C U T L F F N N I R U
M I Y W T T M B H G S S Y C
N U I L V X T G X E V S X U
X K A S V J A O P R N O I O
```

PUZZLE 14

```
W U C B C O C I T D I Y Z W
D O U A A I B N W Z J Y L N
P R C L E C E C L I N P Q U
E H F Q K R T R B A M Z O K
M N A Q E Q D E Q P Y B N I
S S L F H N H A R M L E S S
K L F Q W Q S M I H A E S
H I N T P S C E K W A T L X
D I L L Z D E S C U U S N H
R Y Q X C T A S F N Y K P B
P J C E Z G A X I B F D U A
J G Z H K G J M V L O Y L N
Q Q Q W S K F N M H V C S W
Y E V U Q E X C H A N G E S
```

PUZZLE 15

```
V A C H E M I C A L H P V J
R E A C T I O N S I E J V C
O K N I N D B O H N K S Q I
M R I E B G L M W E C Q S W
Z E M A E T I M E S Z C O G
T O A O A M N N A N O C K I
W L L F Q H K J C Z Y P V J
H I S T R A I G H T W Z P D
E Y D E Y K E V Y O I T W V
H X R N C C U K G T U G V H
X A A P F O U R U R H D W I
P P W S G N N M B Y P C D I
X H N Y Q G U D X I R B J P
Q E W O B O R L P N F R A F
```

PUZZLE 16

```
A K O V Z E X O D F Q J J U
Q A Q R U C M C W W H R T D
K E G M Y U F R O E U I V C
P A S S I O N A T E I Z J I
N J B Z L U S O L L R Z K Y
N S O R G T H A L T E Y R Z
D L P O A R C Z M M L W E L
H K B U K I S S X E M Y A E
J E Z L M G N P F V Y C A K
G D V E U G P N W I B Y T I
A F H Y W E Y U Z Z R C I O
F C S E A R E Q F Q D I O C
O E J S D S K Y D I V I N G
I N E I W Q V J O F L K S G
```

PUZZLE 17

```
H W T Q J B D L U V V W M M
X D E L V W Z H L J B R U G
Z W N E J W L L F B A F S W
H S D R E L A X E S L E C X
K Z Z N M M P L M X I C L P
V V J L S I E J L D V W E Y
U C J I N C R E A S E S S K
F P G L K Q S U H B V A M I
Y M A I V R O O F I W G T S
J A Z X E S N J Y M Q T N H
E I N T E S T I N E J S C C
V D E V O Z I J N U J N C F
W M B N Y X X L K T C X C J
V O K H Q Q T M K F B S S A
```

PUZZLE 18

```
M C Y M P S D T T Y Z N W M
R P O S F O R J C X A S L T
Q P E N X E W O W U R G W E
Z F V H T Q H O I Z E O Y M
K I N S Z A M M F A V B G H
N P A V C L I H U M A N T R
B F V L S N B N G F I U J O
U H S E D U A M S R O N A F
K M F J V C C F P M O U Q E
E D H S U F T S C I Q W X J
D G Y E Y Y E E L E T B T W
B P N K K Q R L F H G P R H
B J B F H C I N I N B M W C X
Y M H H L M A R A A E Y E P
```

PUZZLE 19

```
O T L X A Q V Q Y P Q M A C
G E J V O I P L M J Y R M Z
B V X N Y R O G N H O I B
G D D K G O Q P J R Y T Y Q
V H N F R U U L L R T U Z S
C O F I L W S X U A M N J H
I Y A S C V Q J X F N Y X C
H H S T I N M S M I L E G U
X J T M W J E R U D Z N E N
Z A E O Y M U C S L I Z E G
C R R P B K S Y C Y X U T F
M F E C K L E A L O E X Y E
H O C R C H S F E K W G M U
Q I O C T I M E S K D H I B
```

PUZZLE 20

```
C W T P G P O H I N G V U U
Q W L H I J E B O N E S L M
V U Q E W N D I M Z H E T O
X J C D R A T O Z B P E R N
W T K Z Z A F J I X C R A L
V R L X I H F P T T S M E L
B S I D B S Y E K N U E S D
T T A H U K L I G H T C W Z
A R F E W O I N U S H E B F
S O F X I F V F M L A U H P
N N V S S B R O R N Q O P
H G L O P X G A Z K M J R X
G E V A S M I X H W Z C N I
L R I N D I Q D P L X G Q I
```

PUZZLE 21

```
S Q U I R R E L S H N G A F
J X G E E C L L E J G V U G
P G G W A A I A N J P A N K
M M O M C Q O W A K K I S U
F P P Z O C A U S E D M Q L
V U O F N S A E S R H A Z I
V B X W D H T E O G M M S V
U L W V E A S C C Q I E U P
N I W K T R C C I V G R B R
A C O S R A O R A A D I B Z
D M E G S L P F T D G C Y K
S D T A C B P U I Z D A W X
M U G C S N O S O U R N S W
S F M C C E X R N G V W Q Y
```

PUZZLE 22

```
P B E L I E V E C J J C N U
B O L T B T E P W N B H Z X
C A N Y A M I S S S G R A Z
B N J W A C L Y T W Z N S C
H T H W I D B C R I F E U C
F H B U J N D H U Q K D F K
M R U Y J K F O T A D C F L
U O F H L M Q L M L I V E S
P P A O E A S O U E S A R V
H Y B Q O H Z G F F O W C Y
N I M Y X H O I W T R Y L W
X P I S V N L C O W D T B Z
K T A Y O C C A L L E D E C
O D U A L I N L D K R D B R
```

PUZZLE 23

```
B S Q U A R E V B O Z K Q X
D B G T J K F T V A L W B E
C D I W W O Y N M F C Z O Q
S F V L U E K A J S T H E A
B L G B L Y J T J B F K N Z
M V E P K I X I Z E Z O A Y
L U O E S T O O R J I Y K Q
T E G C U M Z N B T C L V Q
P O R C E X I A A P O D X L
X L A N G E L E S F S S I
T G P X S H U H E A K Q O Q
W R H V I P V L O S N J J M
V G I X O O D P T Y B Y L A
K M C P G V F S N I O S O I
```

PUZZLE 24

```
H K I J H L G D D W T M C V
Z G E B X W D I A J B C A R
W V W S O U S F Z B Z G R E
R K D C D W G N D H G R A A
I L B R D O H A C F H H O R
P O L G L H O Y H L O S T O
U P Z F F V S K R E T U E U
S G G A R D E N I N G W N N
F V D T N L Q J S N C E E D
T A B S I A W S T Y G D O D
Z X X H V X O M M Y E D D C
B N W S X Y M Y A W O I U C
M M U X Y E A R S R I N G Q
B F F T N H N E M W E G A U
```

PUZZLE 25

```
C H T C F G B H G O P V X S
L B R D X F K X G J R E D C
S U C D H I M Z H O W M E G
Q M M A I N T E N A N C E S
E I D U A D A M A G E D Q I
E P O M F D A C B Q V A Y B
X B W E L J N E K P D O I W
Y X O U L M K S R A T Y G X
N P O W E R L I N E V T X D
F C D W C W G A Y B S O C I
O I S J R D C S E O C C Z C
H Q R T N S I W L W R E U R
K G G G H H I S I K V J U E
D Y C I C V N S L W P M O W
```

PUZZLE 26

```
E N W A D N K B R S Y A P V
A F X C K I V A O W J D N A
V V D F M N H P Q W U G R Q
K L P R O V I D E D E H B E
C Q B X R E N U C B O U R D
H C Z Q E N R N O X M E A N
C O G N M T R R N K Z A A Y
F A T E L E V I S I O N D Z
G L L W A D K C U W J U S B
P M A O O U P E M B A M Q G
D S T A R W W Y E R P Z Q Y
P O B S L I C E D I S G R D
G X U W A A E A R T H N L Y
K Q Y I S C H S M K E O X S
```

PUZZLE 27

```
R Z O P H T O T Y O N V X Q
I O A L E J S G F B M H P U
S G O I A A L T L E S C R I
B N U M D B J O T V R L T L
Z Q Q S Q K A A C N N S Q T
E X M Z U T T C V A W F W F
G T N W A S H I N G T O N W
D A W O R W L I O N S E J X
Z H O R T R E D M O N D D J
C H B L E E N K R O N F C Y
Z R N D R Z U C F Z L U O J
D R B K S C I R O P A M N M
T P U B G M D I Q U X M R S
B N O S Z V U U S D K C C I
```

PUZZLE 28

```
Q R A N A C M A F M Y W O H
A V E T R F J O S Y B F C R
P B K E X P R E S S I O N S
V D V D S V G C P L C B L U
H O I J V D I I P G S X Y N
C E N T U R Y K B V S S Q G
U H K J I M K P K I U D T L
E L I K W I T N E S S E S A
C R T N M B G O F X U B M S
J J N F A C I A L X T C O S
W C K Y D Q O R S Y W S K E
Z N N E E W B U H M V S Y S
H T M T D K X Q H R D A C N P
S H Q U A R T Z Q T U M U L
```

PUZZLE 29

V T P B H F X K O H O W N N
J T R R L O I B Z W C R X R
W D Z B W U H F V D E L W Q
B N G V L L O L E T X F T M
J P W V O V W P T M D Q J U
L N L U O I I A O H V A J A
F I N G E R P R I N T S B F
O U K O T M T T R K M W S G
X M R S T R I P E S Q Z O O
J M K K E L G J Y A A U W P
R L R I I F E V U M J H M Y
R X R N K Y R U E E W C S O
S L N Y J U S T W P W P K T
P E Z Y V K A C R H R C K U

PUZZLE 30

U X Q W Z M P P L K L F A H
F B O J Q F N L T U F M N V
F I F S P G J S F W U A D V
C C S W X O E Z A O Z N H O
U F N H H G W R P R A W Z A
S D A U N E E K W L V D C Z
M E N O N A M E A D A M G X
J Q L O C A T E D X U C E N
N Q O E N A Z E H Z R I E U
Z U N Y T C X S N R E W X I
C P G R A T A J H F C G N Q
N E Q J R O E E K Q S F T N
E Z Q D F Q I R P F O Y J E
G P J C S T G I S O T B D Z

PUZZLE 31

S H K H I I T R V K I J D V
S I B L I N G S R C D Z Q X
G L S L E G A L L Y E S I T
Z G H C R E T D V D N A Q R
X C R H Y N O C E I T L B A
H E M I O E O Z S W I K L U
P D Z L B T I U K G C T Y I
E Z Q D P I O E N A A W U R
G T S R O C R W L L I E K
K V F E L A G L H I J N S Q
Q O R N H L R P U A M S L L
T M U S A L W T C R X X R O
W X A K L Y T X X O J H D H
D B R C F B Y C L Z S Z Q J

PUZZLE 32

L F O R T U N E V F G F E E
H O Q P X Q I N V O L V E D
N O T W I K O C G R G R O O
N D I T O N P X Y E F T O C
U F O E N W L U T X S J J
E K C R Z R T H A O D T N A
U L R L A C Y O K L T J Y K
M I R W E U I Y N D K T N U
C A R R I E D R U T L V S W
B G R P G N N E F U C W L W
Q O K M M V N N F B S W L O
C O M P A N Y E O M I B S H
I P Z N U M B E R S O J M U
S W H O O L N C W S W K F H

PUZZLE 33

```
N N S B U A M U D J P V U O
E F W G L K U D T P J W K H
A I J B O O C P L S M H Q E
P R E S E N T L Y U A A A S
Y S J S C U U I F Z T D R A
T T O T A L X M I E K T M P
K B V B S I F D B M J Y I I
V G A D T V P K E O P L E
N S E G B I W O U I R Z X N
R U D C F N P L A N E T L S
I P Z E X G Q M A G O Y H Y
G D N D R E P R E S E N T O
A H X R R O G I F G G T I M
R F V P V R N U K H O M O N
```

PUZZLE 34

```
A R I Z O N A S X O S V P J
Y M Q R L B J O S B P Z Y X
V C O Q C X L L U U G V I W
E J F U W U C Y Q I V T V J
N L E G N T R A X L P U T N
R W L C U T O Q P D G J V C
C I V G P H O E N I X S E S
Y R I C E D F Z S N T C Q T
F S X R N B O I N G M O U U
Z I K M N Y S H F Q Y N L P
F E Q U I V A L E N T Q D L
C O P P E R K O W S Z D S X
B R X K S B T N T G J A Y Z
J Y Q E G L X A V R H C S A
```

PUZZLE 35

```
P Z A L L O W I N G L D H O
P R D V C Z F E Y C N U H C
P R E I Y E K G G B J O Q B
O Q X S M O V C C B X X D E
T E R I I S P O W C P Y H N
M L T T J D V Z R O S T J T
S X A O O P E J Q J W A M W
S T A R T E D N K Z P K Y G
R Q R S G E G Y T R A U B H
S W H I T E W S K I L N I E
N J M V S D R D F X A N G P
M K D U N I T E D J C L K A
K X O B F B F M T G E U N C
Y H M L M D S X Y S P D D O L
```

PUZZLE 36

```
C S U K I A Q H T W I D B R
O P L L M I L L I O N R F B
B P O S A R R K Q U D Q G 2
E E S P E I V Z O A E S O M
I S N O U K F R M M P T N C
W X T W E L A M A G E H E I
K C A I D Z A N R I M K Q O
D W I T M H L R S D D T S O
A H U B U A S H A R E Y E I
T S J M O S T M Y K M Z Z K
X R L M E Y Q E D E T U R P
Q T D L E N S B D M P Q H D
H B Y R Y Q A D Q T W I J N
B S H C K W N D N O Q H F
```

PUZZLE 37

```
U I I A Z T P F O X C T Q J
S Q Y Q E O S L V P J L N W
A V M T I A U K F W B C W T
P X X Y I L Z Z D R I A J Q
F P I N S Q N G S E R B B S
L I L P P H K B U O T A I Y
V D N Y Q B A O T X H N X E
C D C K L X M F E C O G P B
H A V I N G K F R L P L X V
J R S P M U A A U H K A M U
P C P N R O M V S V L D H O
I F W O M A N I E F D E K Y
V A W S T S I T S M B S S E
E T W I N S E G H E P H I S
```

PUZZLE 38

```
F B X W N S F G G J V F Z Z
S U B S T I T U T I O N K B
M E M M E Z J T U W C Q B N
H B A K E F C C U I B H M G
P X B B Y E P O T A T O E S
N A S F J U C C A B D C C I
I K O O F G E S D A W I Q M
S Z R E F L E C T F T Z R I
Z P B W A E J T Z E Y W P L
B O E I N G C A H W S U Q A
V Z D M F X I T V V X T O R
J E M J Z E N B S N I F Y L
X R H E D Y L U C F V J J Y
B R F U S S I G N A L S H Q
```

PUZZLE 39

```
V V O M J B E S O Q O Y R M
J H W O R L D N Z N I O D J
Q Q C B P H Z H O F L L G N
K I E R T T A S Z O A Y D P
U R U Z T S M L C N C I X P
J P T C X F U O O O E V V M
C E Q I Q N N N H I Z T W
Z D I O N W T M N X J Y A O
B V N F D A K Z T U Y F W O
C E V O N I C A R A G U A V
Q G K Z G D O M I N I C A Y
C L Z B I I Y D E E D B G U
A H D Y F L A G S A Z X T H
T M I B X C S S Q P V W L U
```

PUZZLE 40

```
W J P W Y S O M X F I D Y K
C B L W E C F O R C E X K O
N D Y F Y B M E T E O R A W
P E M M S O B N X T U X A D
Y F C R L M M E L R N A S A
D V M L E B K R C L T L C H
U C S C Z M P G L B I Q I R
D Q E M R E I Y N V L B E O
D D F S H W B R N O U F N O
K D A T O M I C U K A G T S
C Q C E A Q I T B B H V I H
Y Z T Y M Y P J Y S E X S I
B B M U Y U G R G M J F L K T M
B R I U K U Z G V T V O S A
```

PUZZLE 41

```
L F U Q E G F A R W O M A N
T V W I H B K O K W R I Z Z
D P A R T Y J X U P Q S S Y
D F M A C W E L O N T S K I
O T W G N L F R Z H D I M E
K Q X X O C H E Z E M N I W
L H U T M D Q V R R V G R L
I K F G D J D E S A L A Y
R A C K F Y V P J E C H P L
W F W K Y O I C E L A N D S
S S O J C Q N Y H F T R M S
H Y X S B O L J F L I E C K
O O I N H O C A M E O I W H
E D Q L S L O O K I N G M P
```

PUZZLE 42

```
E L K J I V A I Z H J M I S
D N O H O E G D N F E X Y T
M T N S C I E N T I F I C O
O R Z E O U V K Y G N V U R
P W P E R C E N T O M X L G
X Z E Q U Z N A I D O A T A
Y F O F L N A T I O N S U N
X H P V G U A U U N D E R I
V I L N O L T S N X P Y A Z
K O E D U C A T I O N A L A
Q S G P Z Y C G T S T A N T
N L O D Q O Q Y E B Y A J I
C P R C O L C B D H P L F O
D M I M Y L Y F D M T H H N
```

PUZZLE 43

```
G J L H M E T E R S H A N I
K T D I O X C G A T D R O C
L A X T R B N F B O C V Z B
R D J R E F S B L O V C J U
A Y V E C X F E E T G K R M
M B Z S S G G L R E G L S B
T T C E M L M E K V C Z Y L
R R A A S X H A I N E E Q E
X A A R M G D N B B V D W B
G K X C I X B V C D E I G E
N M I H K R U G L Z R M J E
B S Y E S E H O I L E G Q S
O K K R Q D D S C B S Q F P
U S B S Z R H G F F T R O P
```

PUZZLE 44

```
N R X X O C A D Y U I I R Y
R W I F H C P I N X H T A M
K Y E H S X S B A D K E I K
N Z K A W A E Y B M L M Q I
T M T V W N Q Z A G U Q X C
P O P U L A R R N C Z R C K
S S T Z X Q L I A S W W O
Q T X H M A S M N H V O X H
W N O Y E B E K A A J T L I
W W L C I R U P S R E A V X
J X X H K X S M T J T C N T
V C E D I V N P J F K N S T
M D G R Q N C M 2 1 N Q B U H R
N P K J U C B I E Q G J M F
```

PUZZLE 45

```
U J V T K R S G A P L V D W
F U P V Z R W T W J K C X W
X P B T P G H G B B X Z A O
R X L Y W B W A I S L F Y U
O W F P A I L M L G I S Q L
A U B O T H N E L F W B N D
M C U P C J H S I T V Q Z V
V P C U H Y F D O R K B P A
A K K L E V F S N L I I D P
M E W A D M E O D E E G F S
P C Z T U G F D A F A Y E W
A C B I N B B J I W O R L D
R S G O D Y C T Z C G X L I
U I U N I W L M F F H X R Y
```

PUZZLE 46

```
L M I N Z Q X T J T O T U S
F I W O B R L X R E W T B E
P G S G Z K Z E A L A N D E
F Q M T C W D C U P M I W C
X Y X A I I O S S M N G T K
D J P M I N D G T K E H M T
Y L I E M D G U R N E P O C
S T C R S U I R A A A S H D
H O X I W W E B L C P U V Z
G E Q C S V S B I N E W K L
C K V A E I T E A D N X E Y
B Q X N R R V M L Y H G R A
I M K B N M Q A E L K T P W
N D J H I Y Q X E Q J P T U
```

PUZZLE 47

```
W T X V I U T W Q F O W P B
K Y F T R H B X S L S E Y L
K D J T Y J I D L A H M D N
Y B I V L P A S S W O R D U
I I Y O S E C U R I T Y I G
F A L L O W E D Q U M E S W
G A C C O U N T D A A S C X
W U S I N G K P N W I Q O M
H Y Z M C F S G T C L G V Y
W Q N V X D D D F L W H E L
K P C Q S H P H A C K E R S
E V B Z T P U C K C X D D E W
C V H I O S J S M G V B D R
A S P P S P B U R T A P N F C
```

PUZZLE 48

```
T X B K R Y H B O A B W E C
T E Y C N T R H A P Q O P D
O L C K W E F H B O Y P J C
F U G H U W R G O P E P T X
A R O U N D J I J H I A I K
W C V U G I A N T T N N Q E
D X E Q X B C E A I N D E Q
L N R F S Z I A H B N A J R
N M N V W A S C L G N S S G
H M M D Q S T P Q L O O Z T
J F E R X U C P L O Y O D H
J Z N Q Q B U V Z A W J N T
U Y T I Z J P X E Z G P Q B
S K Z J X D X H X D Z G P Q B
```

PUZZLE 49

```
Y M C L N V Y B X R W W E S
O Y P J P K U Y V X Y L X Y
A C Y T H N M E A N S K B D
W R E S T L E R O H E C E U
T C A I U T L I V E K E Z J
I X R K L M T G J A P A N B
J U A Y Q I O E N L C L X Z
B U B Y D O J U R T K I U N
E A V A R M E L T H Y F C P
B A R Q R M G D Q Y B E N Z
P T C W T H Z L P Q O R N Q
Y C F R H W F L O Z I Y K D
M I F E Q W U X B Z Y E F A
D I N Y M A S J A M I E I N
```

PUZZLE 50

```
Y G A D F W B T X Y O W J S
Z V X Z Z C D L L M B L E R
T A F E F C Y Y G A H K S D
T C X B S E L E C T I V E P
I O S Q O L D B R T D N V O
C T R V I S I B L E K Z W S
J R H T A O Q P L N H Z J J
N K L D P Y D L M T T A N D
K L D H U M A N S I F P O R
A T T F E C S P R O C E S S
Y B V R C Y D I G N O R E S
W U N C O N S C I O U S W C
H E H E I Q P B L W K O Z I
N W I M X V L X G F P N D J
```

PUZZLE 51

```
E Y N H I B K P U K S V T D
Z F M J M W P A P H M J O A
Y I G L M N G G R I C P C I
J C J B F J G M E O J F G V
C R M U Z D I P G V Z N K Q
L O E H L B L U E J G X S O
B S E M G I W N U E Q A K X
G S A W E K A L O D I Z P J
N C Y W K D M N D C S N R X
B B X G A U A G A V U G G A
Z Y I S M R X L I W O R L D
P D C Y B I D I E R Z E S U
U D R D I N C E N D I A R Y
U C P S J G W I D P D T P U
```

PUZZLE 52

```
S I N T E L L I G E N C E W
W Z O J R S K T F R B J H Y
E H Q H P S E D F M C B K M
Z Y W M K L N I J Y L M L L
O B K B P T O C M F A L V I
L H Y H R O X T P P I N Q J
Y D X S U N G A S K M D U D
R K U M Q G F T G D S L E S
Q T Z E B R E O O Y N F Y L
U L W C Q D I R E C T O R X
N I U F G B T E T X D R U B
H R I L B S Y S E E S M R D
I H G E A S E R V I C E X Y
Y K A C U B A N I S Y R I G
```

PUZZLE 53

```
Y Z P U H G L P J G I A P E
Z R V J X R J F Y K I H G D
A L P Q I L Q Z Y L S N C D
F C R A C W L D U R I N G I
X G E H R Q Q U J R I R X T
T A S F M R W P A R Z C K E
S X I W K E O E C E Q F N Z
T F D R R P W T K M G I N C
K A E D V S J L S O U W Z U
T F N E L N Q O O V E C R Y
D A T O L M F U N E R A L Q
B D R A D Z H D M D L N C B
Z G B J W X C L R K B C L C
B O X U S I E Y Z R Y K U G
```

PUZZLE 54

```
G P E C P Y H T Y Q D N F U
X R Y O U L B B B D E Q D I L
Z O J N N J T W T F C M L F
A H W S X U R I E U G E D H
E I V U C O N T I N U E D K
E B S M S U P O I S O N E D
L I T E R A L L Y P H B S N
P T A G U F O F L X A B P K
L I T S J H S Y X N H K I Y
V O E G O V E R N M E N T W
D N S C H R F P E O P L E S
Y O L E Q U L X P U B R O F
B A N N I N G G U F U R P V
D M G E I W C R S D N O A S
```

PUZZLE 55

```
K A V X M I S T A K E N L Y
A H G A E X X F D W Z D Q K
E S C S N A F E Q M E N S K
H X K L T C Z T A I A P C S
G R I Q A Y C P D O L I I X
W T P J L S O P I M I G E P
L U G A L U O H S M V T N J
V O R S Y N D R O M E V T D
F A E G H K T W R C Z D I D
P M A X S Q U V D Y E F S W
V P T M K E Y M E I D B T E
A L E X A N D E R J G S S T
C S O I C I U U T K G M V W
B X M Q V E B Z T F Q V C I
```

PUZZLE 56

```
Y C D H G V L H O J X B N O
G A C W X D O L U V S J Z F
O P W I L A U R M K M J Z J
Q U U U R A V F D K E C P F
M F L A U L L G F E A E B B
B L H O C T E L D Y R B P S
G P O G S L A V E S E Y I D
E G Y P T I A N S G D P E P
W K H B D I O F P K E T D M
Z D U L B H F S I K X D K H
X Q S P B Q E E S C X B L W
Y A Y D Y F L I E S S F E Y
J P S C N A K E D O L D E S
K E G E P N R I B T O F O B
```

PUZZLE 57

```
J H B M J A S E P P S A B X
F U Q K S W F Y A L E F I Y
E R S J J O K V I T A L Y Z
Y G A N O X M S R G I N V B
A X U U W A N G Q O P N D Z
C I S H J E F A F O R K G P
F X A R T I F I C I A L G N
Q H X U E Y C S G X R R M X
S A C R I L E G I O U S D T
Y N O M N E N E K I C B T K
F D F F I N T R O D U C E D
I S B M F V U D Q G E Z W H
Y I S M M E R E Y J V S M L
B M Y L O M Y Z T N X V F G
```

PUZZLE 58

```
Y W M I P L R E A B M R P F
E Q C V O W F V F L E E T Y
H P K Z L F S A T D V D E H
G I G L E D L J N J Q R I H
Q R S E E Y S A F P O I F S
A A U T W F M A G R M N X W
K T C X O M J V T O F J T Z
M E C T O R S M X S F W N H
G U E C I M Y A V T F M Y S
P G S H V K E I Q V L H
U H S I L I E Y V T K Y O I
Y G F N B P N T U U V Z R H
S G U G S K V A P T R W W E
Z Z L N U W W A D E Y L O M
```

PUZZLE 59

```
F S B W M X P D S A C R E D
B H T F F E E T Q W E R X D
B P S B S O N P Y K F V H M
F M H P L E U N K E B U U Q
T P R V M W L N L J D P M M
C O Q T S E T A D A J F E J
C P S P G U I L T Y S A D M
G E T I W R M B Z S Q U V F
V U R M T U A J A K G S J X
Z M I H O C T I E D C C X R
D O P O S T E P H E N I W T
W R P M V Q W V W G J R I U C
I D D I M D G V S N M W R K D V
```

PUZZLE 60

```
U Y R R O R G S V C V F L L
E G Y J G P X J O H N M W H
Y D Q R V U I K H A Z E I C
O G X E B N M X I G B D M I
Z Z G L T N A C O S D I H N
H P Z X R S I M K O N C X D
A K Y N S S V W E L I I W I
Y I T I Y T R Q T D U N V G
Y E J H F B H E C U R E C E
S T P D Q O E Q H O D M N S
I O T E C Y P V U E O J Z T
N X I D C V D U J O P V I K Q I
I P D C F F J E D E H E I O
F B U B L Q G D V D E W U N
```

PUZZLE 61

```
F M F E D O M U V C M I Y W
U E T F D W T F C G V F G J
A I B T K E J B A T X W V G
Z E C L L J E N B M P Q Q F
B T L Z K W Y H R J O Y I I
D T M A S R L F A M E N Y G
T M S K V E I I H L H Q G H
U B Z U J N W A B L V L T
S L S R T T C J M Q U D O E
X M C G R L O B S L E M T R
P S V F U I L L I N O I S H
T C Q Y K N N E R Z L S C G
I H U P A G S A L E M H S A
C C C O N T E S T S P H K V
```

PUZZLE 62

```
X J T F G P O S K S O L W J
W X Q O Y I P S X Y L K Q C E
U Z D Q X C I G J C S A W D
W A U R R F D I H A H H S E J
Q N P B O A K L Z K O R H V
M Z M K Y U I G C R R R J D
M I V Q C G N L U U T A F T
I B L B P U G V C M E K N D
B A W A R S D C V N S X E G
Z R H I S T O R Y U T T E G
K T L D T M M Z M I E G O
Z M Q T K T I Z N U Z R X
O T A W V M I N U T E S P W
N B M W B K H U G P V B D R
```

PUZZLE 63

```
T L V D F A W C R L D D L P
V Y R E G I O Y L D H E E R
E H G K N C R I D N M U G U
Q F A C E U B S U I I U U Q
L G I H S W U A T C R A Q C
T E E A H A S L N T Y I O Z
B O E S H S E M O K W P I A
N R Q E I H C O F V F E I J
T G M Y R I R N Z K P A G Q
D E S I G N E R O H U Y W T
V X G Q S G T B G T X A D I
G M I V V T A X O V E X G A
R P P M U O R H G I O S C R
W N H P P N Y M H C P X O R
```

PUZZLE 64

```
R O C L O S E N E S S R A C
O F N T Y Y K D C O W K F U
M A M D S R A I M U E L U X
U I Z B M J P Q N G A G R A
M A H B A M E W X N T A D K
U Z G B Y W R H A O I T E F
R T H L T K F A Z W N H Q F
U Z O N V Z O A N X G L C N
L P A Q X Y R Q O C N E Z A
J S A P C Q M T R B I T M K
J S T O R A E A C H I E V E
Z G H J L D D G G O D S N D
E H B U V K O O H S D U T T
A G W B C D H M I P H J X Y
```

PUZZLE 65

```
I H G X B K F N G A G S D R
T D Q R F K A R X I L Q Z B
H S K O F J N D B J U U P N
A T Q D I P N O O G R S A M
R L H J N A I J L P Z U H C
J X V O V M V E O A T I C H
Z J G E M E E F U H N I O T
X J H J H A R F F S N D O W
W B A Y V Z S E C D I E D N
L R D E C L A R A T I O N T
H M A C N Y R S P K B E D K
H E M S M W Y O F X X U D A
Q Q S C I E L N A J D J A D
S N B F C Q K L R Y F B Y H
```

PUZZLE 66

```
R I S I R H Z V Z K Z Y B P
C E I C R F Q A M A M N S E X
B O A I B A K D Z E P C U Z
L S Y L S Y W T U D T P F A
T M U I Q M A Y K S K V F S
P B N K N X R H I R J O A T
V R C K M V R M G H S M T R
X I L I O U E D I S O N Y O
L T A I W H N N U H W J X N
E I P U C U X F T L B R U O
Q S G A O E Z B E E S N U M
E H Y H S A Y C H K D R N E
B A M V T A I N V E N T O R
Q Q N Q S J C H S C U H Z P
```

PUZZLE 67

```
J J U O Z D M P Z X R A N C
V O E K W P F K N L E S S E
Q D W R Q A E D W U S J L L
Y F N L I R E U W I E W B E
Z I C Z P T L F J Z R O A B
W E S W R Y S B T F V R Y R
W R I A Y I P U P L E L X A
I U T Q Y N N K O F S D K T
K S T K O G D H G R K D V I
X S Y F T B N M U S O D W N
Z I Z C J O M O O V S C P G
K A L L Q N H M Y R F C R Q
Y D S W K S V V E G K O O G
H J W B F P P E V K L M O G O
```

PUZZLE 68

```
V R O H S F B R F N I D N E
T L Z U W O E M P C P L Z H
B J G C T I L R T O U B C A
F J P H W E B C A W D L R T
X C B O M U P K J B Y W S
E R L I L E W L U O K S J T
L G R C A K M P H Y O J M D
S T H E I R V R R S B I K Z
E J Q L E T P U Y E R R H F
T I B N X K T Y P J O E U F
H T I F K N W L Z T E J U U
N H U O E L E P W C H J K U
D E A C T U A L L Y Y M J U
U B O W L E R L R Z L W P Z
```

PUZZLE 69

```
N C Y X J Q W T P K L L T A
V K E U P Z Z Y U X N Z H N
G A Q R M T T S W A U C O C
W N M M K J A D U T E S R I
Z Z U P O H H Q E O Y S P E
C A E H I W R L T P T K V N
P B G F S R P M X O L I W T
K D F R N O E B X A T N M T
R E D H E A D S Y I D N O S
E A O P P E H K S M G E B E
L T B A E L C N C P U D H H
R H T L V U E E D T B B C D
U C S E P S U N L I G H T A
A L N P L C K H K R Z D J P
```

PUZZLE 70

```
W A S G W K T Z A C H A R Y
L G C Y R I E H F H D O E F
H C S P R E S I D E N T S U
K F P A R F N O S R Z M L N
K A S R G G C O B R S D E I
S T A T E S D E J I L W C T
G W G Y Z R C W R E D I I E
B H L S E O Y R D S C M C D
M U F V Y D R I N K I N G
J P O Z I B E P E Y F L O N
B T T P Y R I A D F J K P S
W K Y E T A Y L O R V J D F
N B W G X Y X Q W Y X Y G T P
U G H O C P H I C C P F G E
```

PUZZLE 71

```
C I B P S H W F K Z D F D R
V Y Z M L P Q K M B J S O F
F R E O Y A M S R P Y N A R
A A D R I F T I N G E N A K
H J D S V H M E D E A J A O
E P S O A Y J E C D R Q N F
L E A L A S K A M E L M C I
X I M C O M O C S J Y E C T
A O E W I W K O Y F Z E X D
N O R T H F L M A M C I W Y
W N I E W C I Y E Q F T Z O
W X C M M U M C G Y U H S S
H H A W A I I G G G I Z B V
V A N P Q G W G U X V X Q Q Y
```

PUZZLE 72

```
S K Z W X K Q B V B O N C F
B B G C M I G X H C K T D C
H Z W W V I U K I I E R L Z
Q W P H H I M W T Q T I X G
R F O F D U C X L U O P I I
C Y I F T F I V T B T L C D
V M N Z Q Z P P H A S E S O
J M T E M P E R A T U R E O
C Q E I P D R E P F L S F I
N F I C M T Q S L V A D E O
K S D E D E H S K V U Z I
A D C Q G E L N H U J N Y U H
W V X W A T E R Y A Q O Y L P
F K F R E E Z E O K B D V U
```

PUZZLE 73

```
R C R G W P O N T Z Q N Y Z
I B A L W T O T K I F K H Y
O E E I H S P M Z M M K V J
Z M F F R D E N T I R E K L
Z U U E S A Y A X L D B S M
R V P T F P Q V X E I V J D
C C S I I Z N E K S Q V D D
Q I P M U W O R L D T J E I
L L Q E P Y O A P H D V X D
R T V U F W M G E C B A H T
D I S T A N C E R V G B X V
F H S W W B V H E L F U F M
U O M C W X J Y D E M T T B
O T Q J N B U Z L Y A P Y M
```

PUZZLE 74

```
X M P P V D D I J S J K V B
S D M T E U P H A V W I T P
Y K P W J Q K J P P K S C O
F H D W E I G H E D G G N W
U U T L C B L G K X Q S G D
B N E Y T U V S T K A L E M
C T T R O G J E C A W G O Q
V X A I R P L A N E G V D Q
D V E E Z R L T H U M A N Z
P R L A A B E A R A B J I K
N I N L I C H D S Z R F F W
J B L C R C L E S A H R Z O
V L U O D B I Q F I Q N D C
I L F N T L R M L Z H P Q W
```

PUZZLE 75

```
D G R A S S H O P P E R S B
F S D T L P O W V O A F R D
Z A I D Y Q F R I Y S A A V
V M Y K O M R V I E E Y T N
X B C K R V P O D K J T N W
H E A R S K R A M S H Z D S
K L U S A K O X N E L N N W
W L U V D W T K K U D A H O
Y I G X U M E W K M M S K N
H E N G L J C Q W U E V I T
E S S G T M T N H J A H P O
W D M E S D E X U B B R O J
G R M H E A D Q E G N E Y R
P B J C W L T O L P U Y V W H
```

PUZZLE 76

```
S A U M V E T S T R E E T B
X Z K R O V F L R H V I J Q
L G S U V G N E D G J N W E
X A O S V K E E N B C Z E G
X A J X H N V I L N O S P
Z F Y G N I K T Q W V K X P
F F W Y V N L K E T I N M U
C I L R I C W V W I Q O W P
C R U S C L A S S T I R J P
H S Y S P U L X O A J H Y
L T N C E D A J B N A J F A
G N P O M E R A N I A N O J
D J X W U D O G S C T N T O
X X F W Z G U D E U Z J S S
```

PUZZLE 77

T X V E N J O M U R R X A O
B U D J Y Q G U F Z R A V G
Y H G S W I W S O E Z H R F
T E O C D S R O N T Q O P F
V P Z U R E V M M N H N O Y
U S O D R N V N Q D B G L M
P M D V Z S M I N H S D R N
H E V I D E N C E T W I M N
U L E X G Q F O D I C L I K
B L O O D H O U N D I S L F
A K N Y J C L R J A O A E N
A E T G W V L T R A C K S D
A W B Q H Q O T G B N G Z Z
N W B Q H G W H P S E E J I

PUZZLE 78

V T I M E O A W A F J C I A
I J C V E V N C A P S Q R U
X M H S W E O W G K R W O
S F P U W W X N O C H E D B
R P Z Y H T W D T E K I B W
Y O T I O P R I H S H A E V
S F U T U R E T F U I T S P
G I P X R O G I I M C N S F
W H T D A V U O G I G O N V
R G C N P E L N D U K H A I
J L V R G N A E E L P V U L
S K L N M R D A Z O W D P
L R H M A P I W D V A C A L
E J U B P N Z K K M C U L G

PUZZLE 79

M T M M T W Z L X X H I F P
Y N O N H A G S D W L Q C Q
Z Z D X A D U L T V G A R X
N L B Y N D R E A M R D E A
A M A K L M T E L N F M F G
A C J W X Z I P A C A I N R
K B M O J D T I Y W K D C F
P F R E Q U E N T L Y N N K
L U I B B N M G Q N I R R C
T D P W W A Y L S X O T B R
Y Y W P H J D G K I Z 2 G Q
K M X O I T O Z N U A B X S
U L P Z L E G E C W M S K I
T M T N E K S E D G G X J L

PUZZLE 80

J P N Z X P O D N S K U Q R
E T T M G T Q I V P S N T O
A B R O G U W Z Y Z O N O F
U G E O R I E N T X S E M
P S C J I V C D G A X Z T D
L H Y T P L M N E M M Y V O
L K Q P Q D I F V P V E K A
V I H B D H P J S X E O D D
N Q B M S E I T Z S I N I I
I S B A Y L C K M F I P H I
D S W N K P M P E L M N J U
O C R H B I L L B D V N C A
C M T W N N C R N P F C B D
D D P V K G K C D M H L I L